Expresiones en matemáticas

Haz la tarea y recuerda • Volumen 1

Desarrollado por
The Children's Math Worlds Research Project

DIRECTORA DEL PROYECTO Y AUTORA
Dr. Karen C. Fuson

This material is based upon work supported by the
National Science Foundation
under Grant Numbers
ESI-9816320, REC-9806020, and RED-935373.

Any opinions, findings, and conclusions, or recommendations expressed in this material
are those of the author and do not necessarily reflect the views of the National Science Foundation.

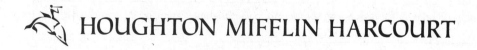
HOUGHTON MIFFLIN HARCOURT

Revisores

Kindergarten
Patricia Stroh Sugiyama
Wilmette, Illinois

Barbara Wahle
Evanston, Illinois

Grade 1
Sandra Budson
Newton, Massachusetts

Janet Pecci
Chicago, Illinois

Megan Rees
Chicago, Illinois

Grade 2
Molly Dunn
Danvers, Massachusetts

Agnes Lesnick
Hillside, Illinois

Rita Soto
Chicago, Illinois

Grade 3
Jane Curran
Honesdale, Pennsylvania

Sandra Tucker
Chicago, Illinois

Grade 4
Sara Stoneberg Llibre
Chicago, Illinois

Sheri Roedel
Chicago, Illinois

Grade 5
Todd Atler
Chicago, Illinois

Leah Barry
Norfolk, Massachusetts

Reconocimientos

(t) © Charles Cormany/Workbook Stock/Jupiter Images

Ilustrative art: Robin Boyer/Deborah Wolfe, LTD; Geoff Smith, Tim Johnson
Technical art: Nesbitt Graphics, Inc.
Photos: Nesbitt Graphics, Inc.

Haz la tarea

Resuelve los problemas. **Muestra tu trabajo.**

1. Spencer vio 8 ranas en el estanque. Luego, vio 5 más. ¿Cuántas ranas vio Spencer en total?

$8+5=13$

rana

☐ 13 ___ranas___
     rótulo

2. Beth tiene 5 canicas rojas y algunas canicas azules. En total ella tiene 14 canicas. ¿Cuántas canicas son azules?

canicas

☐ _____
     rótulo

3. Felix tiene 5 estampillas de México. El resto son de Canadá. Él tiene 8 estampillas en total. ¿Cuántas estampillas son de Canadá?

estampilla

☐ _____
     rótulo

4. Gary tenía 7 libros. Su mamá le dio 3 libros más. ¿Cuántos libros tiene Gary ahora?

libro

☐ _____
     rótulo

5. En la siguiente página Escribe tu propio problema. Luego, muestra cómo resolverlo.

Nombre _____

_____

_____

_____

_____

_____

_____

_____

Presentar problemas y dibujos

Haz la tarea

Resuelve los problemas.   **Muestra tu trabajo.**

---

1. Había 15 bombillas encendidas. Luego, algunas
bombillas se quemaron. Ahora, hay 6 bombillas
encendidas. ¿Cuántas bombillas se quemaron?

bombilla

☐ _____
      rótulo

---

2. Kari anotó 7 puntos en la práctica de fútbol.
Shona anotó 3. ¿Cuántos puntos más anotó
Kari que Shona?

pelota de
fútbol

☐ _____
      rótulo

---

3. Hay 4 destornilladores y algunos martillos en
una caja de herramientas. En total hay
9 herramientas. ¿Cuántos martillos hay?

herramientas

☐ _____
      rótulo

---

4. Obi recogió 14 pepinos. Pam recogió 8.
¿Cuántos pepinos más debió recoger Pam
para tener tantos como Obi?

pepino

☐ _____
      rótulo

**5. Muestra un dibujo para comprobar
problemas** Elige uno de los problemas de
esta página. Muestra un dibujo para comprobar
el problema.

Recuerda

Resuelve los problemas.

Muestra tu trabajo.

1. Andy tiene 9 juguetes. Andy le dio
   4 juguetes a Yori. ¿Cuántos juguetes le
   quedaron a Andy?

   ☐ _____
        rótulo

juguete

2. Tracy tiene 7 canicas verdes y algunas
   canicas amarillas. En total ella tiene
   10 canicas. ¿Cuántas de estas son amarillas?

   ☐ _____
        rótulo

canicas

3. Imala tiene 5 pelotas. John tiene 2.
   ¿Cuántas pelotas tienen ellos en total?

   ☐ _____
        rótulo

pelota

4. En un tren hay 3 niños y algunas niñas.
   En total, hay 7 estudiantes en el tren.
   ¿Cuántas niñas hay en el tren?

   ☐ _____
        rótulo

tren

5. **Explicar el razonamiento** En otra hoja, explica
   todos los pasos que tomaste para resolver
   el Problema 4.

Practicar con problemas y dibujos

Nombre _____

Haz la tarea

Suma o resta.

1. 7 + 1 = ☐   5 − 0 = ☐   0 + 1 = ☐

2. 3 + 0 = ☐   9 − 1 = ☐   6 + 1 = ☐

3. 0 + 7 = ☐   2 − 0 = ☐   4 + 1 = ☐

4. 4 + 1 = ☐   3 − 1 = ☐   6 + 0 = ☐

5. 9 + 0 = ☐   5 − 1 = ☐   9 + 1 = ☐

6. 1 + 8 = ☐   2 − 1 = ☐   10 − 0 = ☐

7. 1 + 3 = ☐   4 − 0 = ☐   8 − 0 = ☐

8. 0 + 5 = ☐   6 − 0 = ☐   3 + 1 = ☐

9. 5 + 1 = ☐   7 − 1 = ☐   6 − 1 = ☐

10. 0 + 4 = ☐   8 − 0 = ☐   1 − 1 = ☐

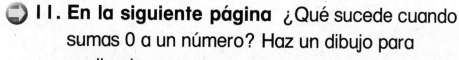 11. **En la siguiente página** ¿Qué sucede cuando sumas 0 a un número? Haz un dibujo para explicarlo.

Nombre _____

Sumar o restar 0 ó I

Nombre _____

Haz la tarea

Resuelve los problemas.   **Muestra tu trabajo.**

---

1. Había 12 vasos limpios en el escurridero
de platos. Matt se llevó algunos. Ahora,
quedan 5 vasos en el escurridero.
¿Cuántos vasos se llevó Matt?

vasos

☐ _____
        rótulo

---

2. Hay 2 flores en un florero rojo y
algunas flores en un florero blanco. Hay
8 flores en total. ¿Cuántas flores hay
en el florero blanco?

flores

☐ _____
        rótulo

---

3. Carlos tomó 10 fotos con su cámara.
Jane tomó 6 fotos. ¿Cuántas fotos más
debería tomar Jane para tener tantas
como Carlos?

cámara

☐ _____
        rótulo

---

4. En el jardín de Jung Mee hay 9 tomates.
Ella tiene 8 tomates en la cocina.
¿Cuántos tomates tiene Jung Mee
en total?

tomate

☐ _____
        rótulo

Nombre _____

Recuerda

Resuelve los problemas.

Muestra tu trabajo.

1. Mary gastó $3 en la juguetería. Jamal gastó $6 más que Mary. ¿Cuántos dólares gastó Jamal en la juguetería?

juguete

[ ] _____
rótulo

2. Aaron compró 5 gorras en el almacén. Lucia compró 8 gorras. ¿Cuántas gorras más debió comprar Aaron para tener tantas como Lucia?

gorra

[ ] _____
rótulo

Suma o resta 0 ó 1.

3. $4 + 1 =$ [ ] $9 - 1 =$ [ ] $0 + 7 =$ [ ]

4. $9 + 1 =$ [ ] $6 - 0 =$ [ ] $2 + 0 =$ [ ]

5. $1 + 3 =$ [ ] $6 - 1 =$ [ ] $9 + 0 =$ [ ]

6. $0 + 5 =$ [ ] $8 - 0 =$ [ ] $6 + 1 =$ [ ]

7. $7 + 1 =$ [ ] $7 - 1 =$ [ ] $1 + 5 =$ [ ]

8. $0 + 4 =$ [ ] $1 - 1 =$ [ ] $1 + 8 =$ [ ]

Relaciones en los números hasta 10

Nombre _____

Haz la tarea

1. ¿Qué números de 11 a 19 se muestran aquí?

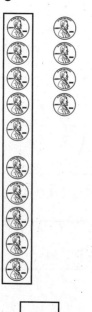 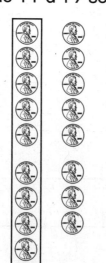 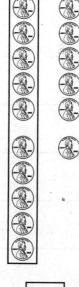

10 + 6 = _____

10 + 2 = _____

10 + 4 = _____

10 + 1 = _____

10 + 3 = _____

10 + 5 = _____

10 + 8 = _____

10 + 7 = _____

10 + 9 = _____

---

2. Encierra en un círculo las monedas que se necesitan para hacer cada número de 11 a 19.

 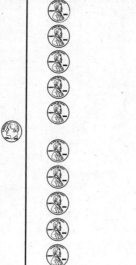

17   12   15

12 = 10 + _____

16 = 10 + _____

18 = 10 + _____

11 = 10 + _____

17 = 10 + _____

14 = 10 + _____

13 = 10 + _____

15 = 10 + _____

19 = 10 + _____

3. En la siguiente página Escribe y resuelve un problema sobre monedas de 1 centavo.

Nombre _____

_____

_____

_____

_____

_____

_____

_____

Números de 11 a 19, decenas y monedas de 10 centavos

Haz la tarea

Cuenta los conejos que hay en el jardín. Luego, escribe
las partes de 10.

1.

10 = ___ + ___   10 = ___ + ___   10 = ___ + ___

2.

10 = ___ + ___   10 = ___ + ___   10 = ___ + ___

3.

10 = ___ + ___   10 = ___ + ___   10 = ___ + ___

---

4. Escribe las partes de 10 que son iguales pero están
en otro orden.

_1_ + _9_ = _9_ + _1_   ___ + ___ = ___ + ___

___ + ___ = ___ + ___   ___ + ___ = ___ + ___

Recuerda

Resuelve los problemas.

Muestra tu trabajo.

1. Sally tenía 9 tomates. Ella se comió 4 con sus amigos. ¿Cuántos tomates quedan?

tomate

[ ] _____
rótulo

2. En el escritorio de Jerome hay 6 carpetas abiertas. El resto están cerradas. En el escritorio de Jerome hay 9 carpetas en total. ¿Cuántas carpetas cerradas hay en su escritorio?

carpeta

[ ] _____
rótulo

¿Qué números de 11 a 19 se muestran aquí?

3.

[ ]   [ ]   [ ]

$19 = 10 +$ _____

$12 = 10 +$ _____

$14 = 10 +$ _____

$18 = 10 +$ _____

$11 = 10 +$ _____

$15 = 10 +$ _____

$17 = 10 +$ _____

$13 = 10 +$ _____

$16 = 10 +$ _____

Separar las partes del número 10

Haz la tarea

Escribe las partes del número y el total de cada dibujo.

1.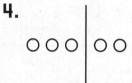

Partes del número

_____ y _____

Total _____

2.

Partes del número

_____ y _____

Total _____

3.

Partes del número

_____ y _____

Total _____

4.

Partes del número

_____ y _____

Total _____

5.

Partes del número

_____ y _____

Total _____

6.

Partes del número

_____ y _____

Total _____

7. Por tu cuenta Haz tu propio dibujo.
Escribe las partes del número y el total de tu dibujo.

Partes del número

_____ y _____

Total _____

Practica

¡Mira los signos!

Suma o resta.

1. 4 + 1 = ☐   1 – 1 = ☐   5 – 1 = ☐

2. 6 + 1 = ☐   8 – 0 = ☐   3 – 1 = ☐

3. 0 + 1 = ☐   8 – 1 = ☐   2 – 0 = ☐

4. 0 + 10 = ☐   1 – 0 = ☐   9 – 1 = ☐

5. 8 + 1 = ☐   4 – 1 = ☐   5 – 0 = ☐

6. 1 + 0 = ☐   10 – 1 = ☐   7 – 0 = ☐

7. 5 + 1 = ☐   9 – 0 = ☐   1 + 7 = ☐

8. 6 + 0 = ☐   10 – 0 = ☐   9 – 0 = ☐

9. **Razonamiento crítico** ¿En qué se parecen sumar 0 y restar 0?

_____

_____

Haz la tarea

Completa las casas de partes.

1.

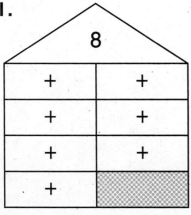

2.

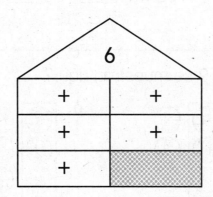

3.

4. ¿Qué casas de partes tienen dobles?

_____

_____

Recuerda

Cuenta los conejos que hay en el jardín.
Luego, escribe las partes de 10 y después
cambia el orden de las partes.

1.

2.

3.

10 = ___ + ___　　　10 = ___ + ___　　　10 = ___ + ___

10 = ___ + ___　　　10 = ___ + ___　　　10 = ___ + ___

¿Qué números de 11 a 19 se muestran aquí?

4.

5.

6.

7.

Nombre _____

Haz la tarea

$6 + 3 = \boxed{9}$

$\boxed{6}$ $\boxed{\cdots}$ Ya conté 6 7 8 9	Imagino que ya conté 6. Entonces **6**, <u>7</u>, <u>8</u>, <u>9</u>.

Ya conté **6** • • • 7 8 9

Ya conté **6** 7 8 9

Cuenta hacia adelante para hallar el total.

1. $5 + 4 = \boxed{}$ $4 + 7 = \boxed{}$ $7 + 2 = \boxed{}$

2. $4 + 3 = \boxed{}$ $2 + 6 = \boxed{}$ $5 + 2 = \boxed{}$

3. $7 + 5 = \boxed{}$ $5 + 7 = \boxed{}$ $9 + 6 = \boxed{}$

4. $4 + 6 = \boxed{}$ $3 + 8 = \boxed{}$ $8 + 6 = \boxed{}$

5. $5 + 8 = \boxed{}$ $7 + 9 = \boxed{}$ $9 + 4 = \boxed{}$

6. $5 + 9 = \boxed{}$ $2 + 6 = \boxed{}$ $4 + 6 = \boxed{}$

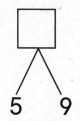
5   9

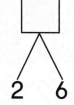
2   6

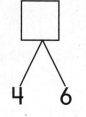
4   6

7. Escríbelo Explica cómo puedes hallar el total de 5 + 9.
¿Cuál es el total?

_____

Practica

Completa las casas de partes.

1.

```
      10
  +   |   +
  +   |   +
  +   |   +
  +   |   +
  +   |▒▒▒▒
```

```
       9
  +   |   +
  +   |   +
  +   |   +
  +   |   +
```

```
       8
  +   |   +
  +   |   +
  +   |   +
  +   |▒▒▒▒
```

2.

```
       7
  +   |   +
  +   |   +
  +   |   +
```

```
       6
  +   |   +
  +   |   +
  +   |▒▒▒▒
```

```
       5
  +   |   +
  +   |   +
```

3.

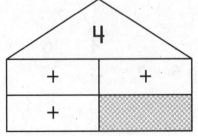

```
      4
  +   |   +
  +   |▒▒▒
```

```
      3
  +   |   +
```

```
      2
  +   |▒▒▒
```

Contar hacia adelante para hallar el total

Haz la tarea

Paro cuando
escucho 8

Ya conté **5** 6 7 8

$$5 + \boxed{3} = 8$$

Ya conté **5**

3 más para hacer 8

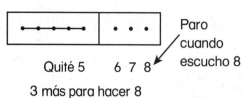

Quité 5   6 7 8

3 más para hacer 8

Paro
cuando
escucho 8

$$8 - 5 = \boxed{3}$$

Cuenta hacia adelante para hallar la parte.

1. $7 + \boxed{} = 9$ $9 - 6 = \boxed{}$ $3 + \boxed{} = 8$

2. $5 + \boxed{} = 8$ $10 - 7 = \boxed{}$ $3 + \boxed{} = 9$

3. $7 + \boxed{} = 10$ $10 - 4 = \boxed{}$ $7 + \boxed{} = 11$

4. $6 + \boxed{} = 8$ $8 - 3 = \boxed{}$ $6 + \boxed{} = 9$

5. $2 + \boxed{} = 9$ $8 - 6 = \boxed{}$ $11 - 7 = \boxed{}$

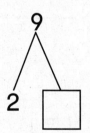

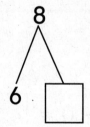

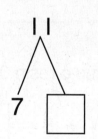

6. **Explicar el razonamiento** Explica cómo hallaste

la respuesta para $11 - 7 = \boxed{}$.

_____

_____

Nombre

Recuerda

Completa las casas de partes.

1.

9

+ | +
+ | +
+ | +
+ | +

6

+ | +
+ | +
+ | ▨

8

+ | +
+ | +
+ | +
+ | ▨

Resuelve el problema.

Muestra tu trabajo.

2. Rachel tenía 9 carros de juguete. Ella regaló 7 carros de juguete a sus amigos. ¿Cuántos carros de juguete tiene Rachel ahora?

carro de juguete

□ _____
    rótulo

Suma o resta 0 ó 1.

3. 1 + 8 = □   2 − 0 = □   8 + 1 = □

4. 1 + 3 = □   5 − 1 = □   0 + 1 = □

5. 1 + 9 = □   6 − 1 = □   9 − 1 = □

6. 0 + 5 = □   8 − 0 = □   6 − 0 = □

Contar hacia adelante para hallar la parte

Nombre _____

Haz la tarea

Haz una decena o cuenta hacia adelante para hallar el total.

1. $4 + 8 =$ [ ] $4 + 6 =$ [ ] $5 + 7 =$ [ ]

2. $5 + 6 =$ [ ] $5 + 8 =$ [ ] $9 + 3 =$ [ ]

3. $3 + 8 =$ [ ] $7 + 4 =$ [ ] $9 + 5 =$ [ ]

4. $7 + 7 =$ [ ] $2 + 8 =$ [ ] $4 + 9 =$ [ ]

5. $6 + 9 =$ [ ] $5 + 9 =$ [ ] $6 + 8 =$ [ ]

6. $6 + 4 =$ [ ] $8 + 9 =$ [ ] $6 + 7 =$ [ ]

7. $8 + 2 =$ [ ] $8 + 3 =$ [ ] $9 + 9 =$ [ ]

8. $7 + 8 =$ [ ] $8 + 4 =$ [ ] $9 + 2 =$ [ ]

9. $8 + 6 =$ [ ] $7 + 9 =$ [ ] $5 + 5 =$ [ ]

10. **Explicar el razonamiento** Elige una de las ecuaciones anteriores. Explica cómo hallaste el total.

_____

_____

Practica

$$6 + 3 = \boxed{9}$$

$$\boxed{6} \quad \boxed{\;\cdot\;\cdot\;\cdot\;}$$

Ya conté **6**   7 8 9   Ya conté **6**   7 8 9   Ya conté **6**

Cuenta hacia adelante para hallar el total.

1. 8 + 7 = ☐	2 + 9 = ☐	7 + 5 = ☐
2. 5 + 6 = ☐	3 + 9 = ☐	6 + 9 = ☐
3. 4 + 8 = ☐	4 + 7 = ☐	6 + 6 = ☐
4. 7 + 4 = ☐	3 + 8 = ☐	8 + 4 = ☐
5. 9 + 5 = ☐	4 + 9 = ☐	8 + 5 = ☐
6. 8 + 6 = ☐	7 + 7 = ☐	4 + 8 = ☐
7. 9 + 9 = ☐	6 + 5 = ☐	8 + 8 = ☐

8. Razonamiento crítico ¿Cómo puedes usar contar hacia adelante para resolver esta ecuación? 7 + 5 = ☐

_____

_____

Usar decenas

Nombre _____

Haz la tarea

Haz una decena o cuenta hacia adelante para hallar el total.

1. 3 + 8 = ☐   4 + 8 = ☐   4 + 9 = ☐

2. 8 + 6 = ☐   9 + 5 = ☐   8 + 5 = ☐

3. 6 + 7 = ☐   7 + 7 = ☐   7 + 5 = ☐

4. 2 + 9 = ☐   5 + 7 = ☐   9 + 2 = ☐

5. 3 + 9 = ☐   8 + 9 = ☐   4 + 7 = ☐

6. 9 + 8 = ☐   7 + 6 = ☐   5 + 9 = ☐

7. 6 + 9 = ☐   6 + 6 = ☐   5 + 6 = ☐

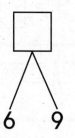   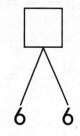   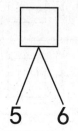

8. **Razonamiento crítico** Explica cómo hacer una decena para hallar 8 + 6.

_____

_____

Recuerda

Completa cada casa de partes.

1.

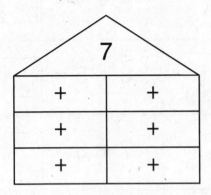

Cuenta hacia adelante para hallar la parte.

2. 6 + ☐ = 10   10 − 7 = ☐   3 + ☐ = 6

3. 3 + ☐ = 12   10 − 5 = ☐   4 + ☐ = 7

4. 4 + ☐ = 9   13 − 7 = ☐   9 + ☐ = 14

5. 6 + ☐ = 8   11 − 4 = ☐   8 − 3 = ☐

6. 8 + ☐ = 13   9 − 6 = ☐   11 − 7 = ☐

7. 7 + ☐ = 9   10 − 8 = ☐   11 − 9 = ☐

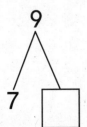

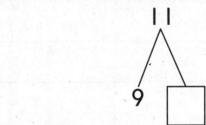

Hacer una decena con tiras de 1 centavo y con los dedos

Haz la tarea

Haz una decena o cuenta hacia adelante para hallar el total.

1. 3 + 8 = ☐   4 + 8 = ☐   4 + 9 = ☐

2. 8 + 6 = ☐   9 + 5 = ☐   8 + 5 = ☐

3. 6 + 7 = ☐   7 + 7 = ☐   7 + 5 = ☐

4. 7 + 4 = ☐   8 + 9 = ☐   4 + 7 = ☐

5. 9 + 8 = ☐   7 + 6 = ☐   5 + 9 = ☐

6. 3 + 9 = ☐   6 + 5 = ☐   5 + 8 = ☐

7. 6 + 9 = ☐   6 + 6 = ☐   5 + 6 = ☐

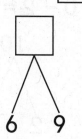   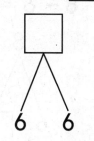   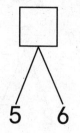

8. **Razonamiento crítico** ¿Cómo puedes usar la estrategia de hacer decenas para resolver 8 + ☐ = 14?

_____

_____

Practica

$$8 - 5 = \boxed{3}$$

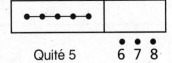

Quité 5   6 7 8   ó   Quité 5

3 más para que sean 8   3 más para que sean 8

Cuenta hacia adelante para hallar la parte.

1. $8 - 4 = \square$ $9 - 6 = \square$ $10 - 8 = \square$

2. $7 - 5 = \square$ $10 - 4 = \square$ $6 - 3 = \square$

3. $9 - 3 = \square$ $8 - 5 = \square$ $6 - 5 = \square$

4. $3 - 2 = \square$ $8 - 6 = \square$ $10 - 2 = \square$

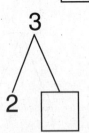   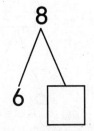   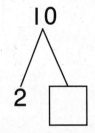

5. Los registros de la venta de garaje se humedecieron. Faltan algunos números. Llena los espacios con los números faltantes.

Objeto	Cantidad vendida cada día		
	SÁBADO	DOMINGO	Total
Pajarera	1	6	
Agarrador de ollas	4		9
Portarretratos	2		10

Practicar la suma con totales de 11 a 19

Nombre _____

Haz la tarea

1. Completa las montañas matemáticas y las ecuaciones.

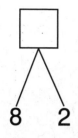

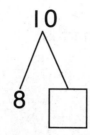

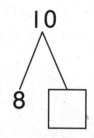

$8 + 2 = \boxed{}$ 　　　　 $8 + \boxed{} = 10$ 　　　　 $10 - 8 = \boxed{}$

2. **Crea y resuelve** Escribe y resuelve un problema
   para una de las ecuaciones anteriores.

   _____

   _____

   _____

   _____

3. **Haz un dibujo y explica** Dibuja dos montañas matemáticas
   diferentes que tengan 12 como total. Explica por qué puedes
   hacer dos montañas matemáticas diferentes.

   _____

   _____

   _____

   _____

Nombre

Recuerda

Cuenta los conejos que hay en el jardín.
Escribe los números ocultos en el 10
y después cambia el orden de las partes.

1.

10 = ___ + ___   10 = ___ + ___   10 = ___ + ___

10 = ___ + ___   10 = ___ + ___   10 = ___ + ___

Resuelve los problemas.   **Muestra tu trabajo.**

2. James tenía 11 rosales. Sembró 6 en
   el patio de atrás de la casa y el resto en
   el patio del frente de la casa. ¿Cuántos
   rosales plantó en el patio del frente de
   la casa?

rosal

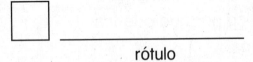
rótulo

3. Josh tenía 12 margaritas en la mano.
   Puso algunas en un florero. Le quedaron
   3 en la mano. ¿Cuántas margaritas puso
   él en el florero?

margaritas

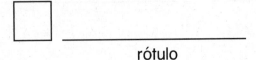
rótulo

Relacionar la suma y la resta

Haz la tarea

$$8 + \boxed{6} = 14 \quad \text{ó} \quad 14 - 8 = \boxed{6}$$

Ya conté 8   9 10 11 12 13 14   Ya conté **8**

u   **8**   9 10 + 4 más

                    6

u   **8**   + 2 + 4 = 14

u   **8**   10 + 4

2 más para   4 más para formar
      10   14

Halla la parte.

1. 5 + ☐ = 12   15 − 8 = ☐   8 + ☐ = 16

2. 7 + ☐ = 16   13 − 4 = ☐   9 + ☐ = 12

3. 3 + ☐ = 12   11 − 2 = ☐   7 + ☐ = 13

4. 9 + ☐ = 15   14 − 8 = ☐   17 − 9 = ☐

5. 8 + ☐ = 12   16 − 8 = ☐   16 − 7 = ☐

6. 5 + ☐ = 13   18 − 9 = ☐   12 − 7 = ☐

7. 4 + ☐ = 12   11 − 4 = ☐   12 − 9 = ☐

8. **Explicar el razonamiento** Elige una de las ecuaciones anteriores. Explica cómo puedes formar una decena para hallar la parte que falta.

Practica

$$8 + 6 = \boxed{14}$$

Ya conté **8**   9 10 11 12 13 14

u   **8**   9 10 + 4 más

u   **8**   + 2 + 4 = 14

u   **8**   10 + 4 = 14

Ya conté **8**

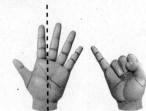

El 6 le presta 2 al 8 para formar 10.   Piensa: 8 + 6

Quedan 4 en el 6, entonces **10 + 4 = 14.**   8 + 2 + 4 = 14

10

Haz una decena o cuenta hacia adelante para hallar el total.

1. $6 + 9 = \square$	$6 + 6 = \square$	$3 + 8 = \square$
2. $6 + 5 = \square$	$5 + 8 = \square$	$6 + 7 = \square$
3. $9 + 8 = \square$	$7 + 6 = \square$	$7 + 4 = \square$
4. $8 + 9 = \square$	$4 + 7 = \square$	$3 + 9 = \square$
5. $2 + 9 = \square$	$5 + 7 = \square$	$8 + 5 = \square$
6. $7 + 7 = \square$	$7 + 5 = \square$	$9 + 2 = \square$
7. $8 + 6 = \square$	$9 + 5 = \square$	$5 + 6 = \square$
8. $4 + 8 = \square$	$4 + 9 = \square$	$5 + 9 = \square$

Partes desconocidas y totales de 11 a 19

Nombre _____

Haz la tarea

Escribe la parte.

1. $6 + \boxed{} = 15$ $17 - 8 = \boxed{}$ $3 + \boxed{} = 11$

2. $9 + \boxed{} = 17$ $12 - 6 = \boxed{}$ $9 + \boxed{} = 12$

3. $5 + \boxed{} = 11$ $12 - 4 = \boxed{}$ $7 + \boxed{} = 12$

4. $8 + \boxed{} = 13$ $15 - 7 = \boxed{}$ $5 + \boxed{} = 14$

5. $7 + \boxed{} = 11$ $15 - 8 = \boxed{}$ $13 - 7 = \boxed{}$

6. $9 + \boxed{} = 14$ $13 - 5 = \boxed{}$ $11 - 6 = \boxed{}$

7. $5 + \boxed{} = 12$ $12 - 3 = \boxed{}$ $11 - 2 = \boxed{}$

8. $8 + \boxed{} = 13$ $15 - 9 = \boxed{}$ $13 - 6 = \boxed{}$

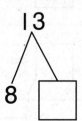
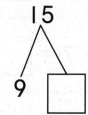
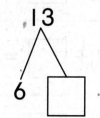

9. **Razonamiento crítico** Explica como el dibujo de matemáticas te puede ayudar a resolver $8 + \boxed{} = 14$.

Ya conté **8** $10 + 4 = 14$

_____

_____

Recuerda

Resuelve el problema.   **Muestra tu trabajo.**

1. Ellen tiene 12 libros en su bolso. Puso
6 de esos libros sobre la mesa. ¿Cuántos
libros hay en su bolso ahora?

libro

☐ _____
     rótulo

Completa las casas de partes.

2.

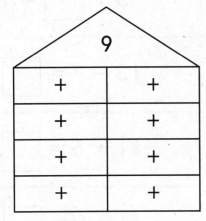

Escribe la parte.

3. 5 + ☐ = 11   13 − 9 = ☐   5 + ☐ = 13

4. 9 + ☐ = 14   12 − 7 = ☐   8 + ☐ = 14

5. 8 + ☐ = 12   15 − 9 = ☐   16 − 8 = ☐

6. 7 + ☐ = 13   17 − 8 = ☐   11 − 4 = ☐

     Relacionar la suma y la resta: Totales de 11 a 19

Haz la tarea

Cuenta hacia adelante para hallar el total o la parte.
Encierra en un círculo los sumandos para ver cómo
funciona la recta numérica para la suma.

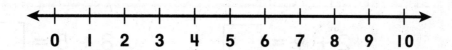

1. 5 + 5 = ☐   2. 8 – 3 = ☐

3. 7 + 2 = ☐   4. 5 – 2 = ☐

5. 4 + 1 = ☐   6. 7 – 3 = ☐

7. 6 – 2 = ☐   8. 5 + 4 = ☐

9. 9 – 4 = ☐   10. 6 + 2 = ☐

10. **Escríbelo** Explica como usarías una recta numérica
para resolver 3 + 4 = ☐.

_____

_____

Practica

Cuenta hacia adelante para hallar el total.

1. 7 + 5 = ☐　　　3 + 7 = ☐　　　5 + 4 = ☐

2. 9 + 4 = ☐　　　2 + 9 = ☐　　　8 + 5 = ☐

3. 8 + 6 = ☐　　　4 + 6 = ☐　　　3 + 6 = ☐

4. 7 + 3 = ☐　　　8 + 4 = ☐　　　8 + 3 = ☐

5. 6 + 9 = ☐　　　4 + 8 = ☐　　　5 + 6 = ☐

6. 7 + 8 = ☐　　　7 + 7 = ☐　　　9 + 3 = ☐

7. 4 + 5 = ☐　　　6 + 8 = ☐　　　7 + 9 = ☐

Resuelve el problema.　　　　　　　**Muestra tu trabajo.**

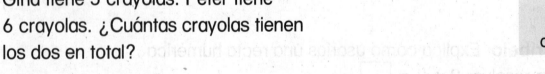

8. Gina tiene 5 crayolas. Peter tiene
   6 crayolas. ¿Cuántas crayolas tienen
   los dos en total?

crayola

☐ _____
　　　rótulo

　　　Usar una recta numérica para sumar o restar

Nombre _____

Haz la tarea

$9 + 4 = \boxed{13}$

$13 \qquad \begin{array}{r} 9 \\ + 4 \\ \hline 13 \end{array}$

9   4

Aquí hallo el total.

$13 - 9 = \boxed{4}$

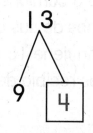

$\begin{array}{r} 13 \\ - 9 \\ \hline 4 \end{array}$

9    $\boxed{4}$

Aquí hallo una parte.

Halla el total o la parte.

1.
$\begin{array}{r} 5 \\ + 6 \\ \hline \end{array}$
$\begin{array}{r} 9 \\ + 8 \\ \hline \end{array}$
$\begin{array}{r} 8 \\ + 3 \\ \hline \end{array}$
$\begin{array}{r} 9 \\ + 4 \\ \hline \end{array}$
$\begin{array}{r} 6 \\ + 6 \\ \hline \end{array}$
$\begin{array}{r} 8 \\ + 6 \\ \hline \end{array}$

2.
$\begin{array}{r} 11 \\ - 9 \\ \hline \end{array}$
$\begin{array}{r} 14 \\ - 6 \\ \hline \end{array}$
$\begin{array}{r} 11 \\ - 4 \\ \hline \end{array}$
$\begin{array}{r} 13 \\ - 5 \\ \hline \end{array}$
$\begin{array}{r} 12 \\ - 3 \\ \hline \end{array}$
$\begin{array}{r} 16 \\ - 9 \\ \hline \end{array}$

3.
$\begin{array}{r} 16 \\ - 8 \\ \hline \end{array}$
$\begin{array}{r} 15 \\ - 7 \\ \hline \end{array}$
$\begin{array}{r} 12 \\ - 5 \\ \hline \end{array}$
$\begin{array}{r} 11 \\ - 2 \\ \hline \end{array}$
$\begin{array}{r} 17 \\ - 9 \\ \hline \end{array}$
$\begin{array}{r} 16 \\ - 7 \\ \hline \end{array}$

4. Dibuja una montaña matemática para resolver $16 - 7 = \boxed{}$.

Recuerda

Resuelve el problema.   **Muestra tu trabajo.**

1. Ayer John compró 8 camiones. Hoy
   Curtis regaló algunos de sus camiones a
   John. Si ahora John tiene 15 camiones,
   ¿cuántos camiones recibió de Curtis?

camión

[ ] _____
          rótulo

Completa las casas de partes.

2.

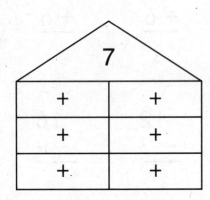

7
+	+
+	+
+	+

6
+	+
+	+
+	

9
+	+
+	+
+	+

Haz una decena o cuenta hacia adelante para hallar el total o la parte.

3. 9 + [ ] = 13   11 − 2 = [ ]   7 + 4 = [ ]

4. 2 + [ ] = 11   11 − 6 = [ ]   9 + 8 = [ ]

5. 5 + [ ] = 14   13 − 6 = [ ]   7 + 8 = [ ]

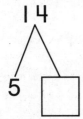

14
5   [ ]

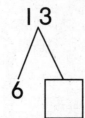

13
6   [ ]

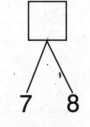

[ ]
7   8

Ecuaciones y cadenas de ecuaciones

Nombre _____

Haz la tarea

Halla el total o la parte. Subraya las partes de cada ecuación con líneas onduladas.

1. 5 + 9 = ☐   5 + ☐ = 14   14 − 5 = ☐

2. 9 + 6 = ☐   9 + ☐ = 15   15 − 9 = ☐

3. 4 + 7 = ☐   4 + ☐ = 11   11 − 4 = ☐

4. 6 + 5 = ☐   6 + ☐ = 11   11 − 6 = ☐

5. 5 + 7 = ☐   5 + ☐ = 12   12 − 5 = ☐

6. 8 + 6 = ☐   8 + ☐ = 14   14 − 8 = ☐

7. 3 + 9 = ☐   3 + ☐ = 12   12 − 3 = ☐

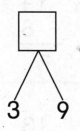

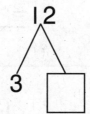

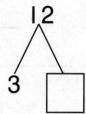

8. **Por tu cuenta** Escribe una ecuación que muestre que a 4 se le suma un número desconocido y el total es 13. Escribe y resuelve un problema en el que se use tu ecuación.

_____

_____

Practica

$$9 + 4 = \boxed{13} \qquad\qquad 13 - 9 = \boxed{4}$$

$$\begin{array}{r} 9 \\ + 4 \\ \hline 13 \end{array} \qquad\qquad \begin{array}{r} 13 \\ - 9 \\ \hline 4 \end{array}$$

Suma o resta.

1.
$$\begin{array}{r} 5 \\ + 6 \\ \hline \end{array} \quad \begin{array}{r} 9 \\ + 3 \\ \hline \end{array} \quad \begin{array}{r} 8 \\ + 3 \\ \hline \end{array} \quad \begin{array}{r} 2 \\ + 9 \\ \hline \end{array} \quad \begin{array}{r} 6 \\ + 6 \\ \hline \end{array} \quad \begin{array}{r} 8 \\ + 6 \\ \hline \end{array}$$

2.
$$\begin{array}{r} 9 \\ + 6 \\ \hline \end{array} \quad \begin{array}{r} 4 \\ + 8 \\ \hline \end{array} \quad \begin{array}{r} 3 \\ + 9 \\ \hline \end{array} \quad \begin{array}{r} 7 \\ + 5 \\ \hline \end{array} \quad \begin{array}{r} 8 \\ + 7 \\ \hline \end{array} \quad \begin{array}{r} 7 \\ + 7 \\ \hline \end{array}$$

3.
$$\begin{array}{r} 17 \\ - 9 \\ \hline \end{array} \quad \begin{array}{r} 14 \\ - 6 \\ \hline \end{array} \quad \begin{array}{r} 16 \\ - 7 \\ \hline \end{array} \quad \begin{array}{r} 15 \\ - 8 \\ \hline \end{array} \quad \begin{array}{r} 11 \\ - 6 \\ \hline \end{array} \quad \begin{array}{r} 14 \\ - 8 \\ \hline \end{array}$$

4.
$$\begin{array}{r} 15 \\ - 9 \\ \hline \end{array} \quad \begin{array}{r} 14 \\ - 7 \\ \hline \end{array} \quad \begin{array}{r} 15 \\ - 7 \\ \hline \end{array} \quad \begin{array}{r} 12 \\ - 7 \\ \hline \end{array} \quad \begin{array}{r} 17 \\ - 8 \\ \hline \end{array} \quad \begin{array}{r} 13 \\ - 7 \\ \hline \end{array}$$

5.
$$\begin{array}{r} 18 \\ - 9 \\ \hline \end{array} \quad \begin{array}{r} 7 \\ + 6 \\ \hline \end{array} \quad \begin{array}{r} 16 \\ - 9 \\ \hline \end{array} \quad \begin{array}{r} 8 \\ + 9 \\ \hline \end{array} \quad \begin{array}{r} 5 \\ + 8 \\ \hline \end{array} \quad \begin{array}{r} 14 \\ - 5 \\ \hline \end{array}$$

Haz la tarea

$9 + 4 =$ $\boxed{13}$ $13 - 9 =$ $\boxed{4}$

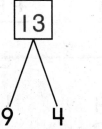
$$\begin{array}{r} 9 \\ + 4 \\ \hline 13 \end{array}$$

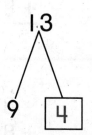
$$\begin{array}{r} 13 \\ - 9 \\ \hline 4 \end{array}$$

Escribe la parte o el total.

1.
$$\begin{array}{r} 9 \\ + 3 \\ \hline \end{array}$$
$$\begin{array}{r} 5 \\ + 6 \\ \hline \end{array}$$
$$\begin{array}{r} 7 \\ + 8 \\ \hline \end{array}$$
$$\begin{array}{r} 5 \\ + 8 \\ \hline \end{array}$$
$$\begin{array}{r} 4 \\ + 8 \\ \hline \end{array}$$
$$\begin{array}{r} 7 \\ + 4 \\ \hline \end{array}$$

2.
$$\begin{array}{r} 5 \\ + 9 \\ \hline \end{array}$$
$$\begin{array}{r} 9 \\ + 6 \\ \hline \end{array}$$
$$\begin{array}{r} 8 \\ + 6 \\ \hline \end{array}$$
$$\begin{array}{r} 6 \\ + 9 \\ \hline \end{array}$$
$$\begin{array}{r} 9 \\ + 7 \\ \hline \end{array}$$
$$\begin{array}{r} 8 \\ + 9 \\ \hline \end{array}$$

3.
$$\begin{array}{r} 15 \\ - 9 \\ \hline \end{array}$$
$$\begin{array}{r} 11 \\ - 8 \\ \hline \end{array}$$
$$\begin{array}{r} 13 \\ - 4 \\ \hline \end{array}$$
$$\begin{array}{r} 14 \\ - 5 \\ \hline \end{array}$$
$$\begin{array}{r} 11 \\ - 3 \\ \hline \end{array}$$
$$\begin{array}{r} 11 \\ - 6 \\ \hline \end{array}$$

4. **Por tu cuenta** Escribe y resuelve un problema
para esta ecuación: $8 +$ $\boxed{}$ $= 12$.

_____

_____

_____

Recuerda

Suma o resta.

1.
$$8 + 3 \qquad 7 + 5 \qquad 4 + 8 \qquad 9 + 9 \qquad 9 + 3 \qquad 6 + 8$$

2.
$$4 + 7 \qquad 7 + 6 \qquad 8 + 8 \qquad 13 - 4 \qquad 14 - 9 \qquad 15 - 7$$

3.
$$15 - 8 \qquad 14 - 7 \qquad 11 - 5 \qquad 11 - 2 \qquad 16 - 9 \qquad 18 - 9$$

Halla todas las ecuaciones de la montaña matemática de
13, 5 y 8. Subraya las partes con líneas onduladas.

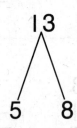

4. $5 + 8 = 13$ 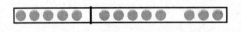 $13 = 5 + 8$

Haz la tarea

Compara. Escribe < ó >.

1. 4 ◯ 8　　　　2. 10 ◯ 6　　　　3. 9 ◯ 12

4. 15 ◯ 17　　　5. 14 ◯ 13　　　6. 19 ◯ 18

7. 16 ◯ 10　　　8. 5 ◯ 11　　　9. 7 ◯ 9

Escribe cada conjunto de números en orden de menor a mayor.

10. 8　5　10　│　11. 18　12　6　│　12. 19　14　15

___ ___ ___　│　___ ___ ___　│　___ ___ ___

Escribe cada conjunto de números en orden de mayor a menor.

13. 4　12　9　│　14. 11　3　13　│　15. 9　19　16

___ ___ ___　│　___ ___ ___　│　___ ___ ___

16. **Razonamiento lógico** Usa las pistas y los números que hay en el recuadro para resolver el problema.

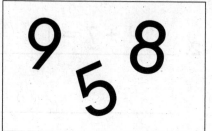

Kyle tiene más sombreros que Sue.
Kim tiene la mayor cantidad de sombreros.
¿Cuántos sombreros tiene cada uno de ellos?

Kyle _____　Kim _____　Sue _____

Practica

Halla todas las ecuaciones de las montañas matemáticas.
Subraya las partes con líneas onduladas.

1. $\underset{\sim}{7} + \underset{\sim}{8} = 15$

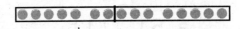

$15 = \underset{\sim}{7} + \underset{\sim}{8}$

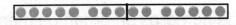

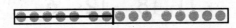

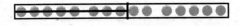

2. $\underset{\sim}{4} + \underset{\sim}{7} = 11$

$11 = \underset{\sim}{4} + \underset{\sim}{7}$

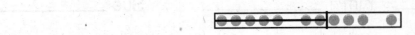

Comparar y ordenar números

Haz la tarea

$$5 + 2 + 3 = \boxed{}$$

Puedes sumar de tres maneras diferentes.

$$7 \quad + 3$$
$$5 + 2 + 3 = \boxed{10}$$

$$5 + \quad 5$$
$$5 + 2 + 3 = \boxed{10}$$

$$8 + 2$$
$$5 + 2 + 3 = \boxed{10}$$

Suma los tres números.

1. $4 + 7 + 3 = \boxed{}$ $5 + 1 + 3 = \boxed{}$ $6 + 3 + 4 = \boxed{}$

2. $6 + 2 + 8 = \boxed{}$ $4 + 2 + 6 = \boxed{}$ $7 + 7 + 3 = \boxed{}$

3. $3 + 4 + 7 = \boxed{}$ $5 + 9 + 2 = \boxed{}$ $4 + 3 + 9 = \boxed{}$

4. $7 + 3 + 5 = \boxed{}$ $2 + 4 + 4 = \boxed{}$ $7 + 1 + 7 = \boxed{}$

5. $3 + 6 + 3 = \boxed{}$ $2 + 2 + 9 = \boxed{}$ $6 + 1 + 3 = \boxed{}$

6. $5 + 5 + 5 = \boxed{}$ $2 + 7 + 2 = \boxed{}$ $9 + 2 + 5 = \boxed{}$

7. **Explicar el razonamiento** Dibuja una montaña matemática de 7, 9 y 16 y explica cómo te puede ayudar a sumar o restar.

_____

_____

Recuerda

Resuelve el problema.   **Muestra tu trabajo.**

1. Nancy recorrió 7 millas en su bicicleta.
Yolanda recorrió 6 millas más que Nancy
en bicicleta. ¿Cuántas millas recorrió
Yolanda en bicicleta?

bicicleta

[   ] _____
            rótulo

Suma o resta 0 ó 1.

2. 2 + 0 = [   ]   5 – 1 = [   ]   5 + 0 = [   ]   4 – 1 = [   ]

3. 7 + 1 = [   ]   6 – 0 = [   ]   3 + 0 = [   ]   1 – 1 = [   ]

4. 8 + 1 = [   ]   8 – 0 = [   ]   9 + 1 = [   ]   3 – 1 = [   ]

Halla todas las ecuaciones de la montaña matemática de
11, 7 y 4. Subraya las partes con líneas onduladas.

5.

7 + 4 = 11      11 = 7 + 4

_____      _____

_____   _____

_____   _____

                                                Sumar tres números

Haz la tarea

1. Haz dibujos para mostrar 2 o más maneras diferentes de formar 16¢.

2. Haz dibujos para mostrar 2 o más maneras diferentes de formar 20¢.

3. Mira el patrón.

5, 8, 11, 14, 17

Mio dice que la regla para ese patrón es +3.
Dave dice que la regla para ese patrón es +4.
¿Quién tiene razón? Explica.

_____

_____

Recuerda

Resuelve el problema.   **Muestra tu trabajo.**

1. Tony tiene 8 carros de colección. Chen
   tiene 6 carros de colección más que
   Tony. ¿Cuántos carros de colección tiene
   Chen?

carro de
colección

```
┌──────┐
│      │  _____
└──────┘
          rótulo
```

Suma o resta.

2. $\begin{array}{r} 8 \\ + 5 \\ \hline \end{array}$ $\begin{array}{r} 6 \\ + 5 \\ \hline \end{array}$ $\begin{array}{r} 7 \\ + 7 \\ \hline \end{array}$ $\begin{array}{r} 7 \\ + 8 \\ \hline \end{array}$ $\begin{array}{r} 6 \\ + 7 \\ \hline \end{array}$ $\begin{array}{r} 8 \\ + 9 \\ \hline \end{array}$

3. $\begin{array}{r} 16 \\ - 8 \\ \hline \end{array}$ $\begin{array}{r} 15 \\ - 9 \\ \hline \end{array}$ $\begin{array}{r} 18 \\ - 9 \\ \hline \end{array}$ $\begin{array}{r} 12 \\ - 8 \\ \hline \end{array}$ $\begin{array}{r} 11 \\ - 7 \\ \hline \end{array}$ $\begin{array}{r} 13 \\ - 5 \\ \hline \end{array}$

4. Halla todas las ecuaciones de la montaña matemática de
   12, 9 y 3. Subraya las partes con líneas onduladas.

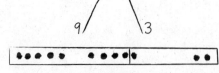

$\underline{9} + \underline{3} = 12$ $12 = \underline{9} + \underline{3}$

_____   _____

_____   _____

_____   _____

Haz la tarea

1. Mide el segmento horizontal que sigue, marcando y contando longitudes de 1 centímetro.

_____   ☐ cm

2. Traza un segmento de 8 cm de largo.
   Marca y cuenta longitudes de 1 cm para comprobar la longitud.

Usa tu regla de centímetros para medir cada segmento vertical.

3.   4.   5.

☐ cm   ☐ cm   ☐ cm

6. **En la siguiente página** Traza un segmento de 7 cm.
   Traza todas las longitudes de las partes. Escribe las partes y la ecuación para cada una.

Haz la tarea

Busca rectángulos, cuadrados y triángulos
en tu casa o en tu vecindario.

1. Haz una lista o dibuja objetos que muestren cuadrados.

2. Haz una lista o dibuja objetos que muestren rectángulos.

3. Haz una lista o dibuja objetos que muestren triángulos.

4. En la siguiente página Dibuja un cuadrado, un rectángulo y un triángulo.

Cuadrados, rectángulos y triángulos

Haz la tarea

Usa una regla de centímetros. Halla el perímetro.

1.

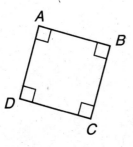

$P = \boxed{}$ cm

2.

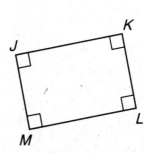

$P = \boxed{}$ cm

3.

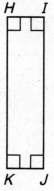

$P = \boxed{}$ cm

4.

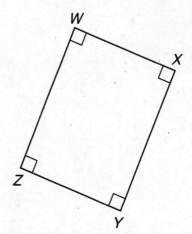

$P = \boxed{}$ cm

5. En la siguiente página Dibuja un cuadrado y un rectángulo. Halla el perímetro de cada figura.

Perímetros de cuadrados y rectángulos

Haz la tarea

Usa una regla de centímetros. Halla el perímetro.

1.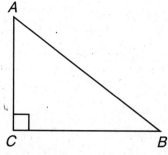

$P = \boxed{}$ cm

2.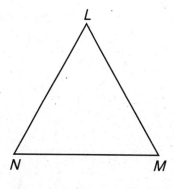

$P = \boxed{}$ cm

Mide las líneas. Redondea al centímetro más cercano.

3. —————————————— Aproximadamente $\boxed{}$ cm

4. ———————————————————— Aproximadamente $\boxed{}$ cm

Mide cada lado. Redondea al centímetro más cercano. Halla el perímetro.

5.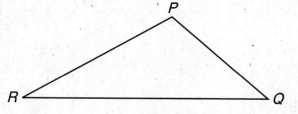

El perímetro es aproximadamente $\boxed{}$ cm

6.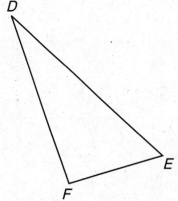

El perímetro es aproximadamente $\boxed{}$ cm

7. **En la siguiente página** Usa una regla de centímetros. Dibuja tres triángulos. Halla el perímetro de cada triángulo.

Haz la tarea

Resuelve los problemas.   **Muestra tu trabajo.**

---

1. Brad tenía 14 botes de juguete. La corriente se llevó 5 de ellos. ¿Cuántos botes de juguete tiene ahora?

☐ _____
      rótulo

bote

---

2. Moses reunió 17 rocas y luego regaló algunas. Ahora le quedan 9 rocas. ¿Cuántas regaló?

☐ _____
      rótulo

roca

---

3. Claire tenía 9 marcadores de colores en su mochila cuando salió de la escuela. Algunos se le cayeron camino a casa. Cuando llegó a casa, solo tenía 5 marcadores. ¿Cuántos marcadores se le cayeron?

☐ _____
      rótulo

mochila

---

4. Una abeja se posó sobre 7 flores en el jardín. Luego se posó sobre 5 más. ¿Sobre cuántas flores se posó la abeja en total?

☐ _____
      rótulo

abeja

Recuerda

1. Halla todas las ecuaciones de la montaña matemática de 15, 7 y 8.
   Usa líneas onduladas para subrayar cada parte.

$$7 + 8 = 15$$

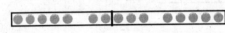

$$15 = 7 + 8$$

_____ _____

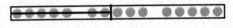

_____ _____

_____ _____

Suma 3 números.

2. $4 + 1 + 4 =$ ☐ $5 + 1 + 1 =$ ☐ $2 + 2 + 4 =$ ☐

3. $5 + 2 + 2 =$ ☐ $4 + 1 + 3 =$ ☐ $2 + 3 + 2 =$ ☐

Suma o resta.

4. $\begin{array}{r} 6 \\ +7 \\ \hline \end{array}$ $\begin{array}{r} 8 \\ +8 \\ \hline \end{array}$ $\begin{array}{r} 5 \\ +9 \\ \hline \end{array}$ $\begin{array}{r} 11 \\ -3 \\ \hline \end{array}$ $\begin{array}{r} 17 \\ -8 \\ \hline \end{array}$ $\begin{array}{r} 14 \\ -6 \\ \hline \end{array}$

5. **Medición** Usa tu regla de centímetros. Dibuja un cuadrado
   en una hoja aparte. Halla su perímetro.

Problemas de cambio al sumar y restar

Nombre _____

Haz la tarea

Haz un dibujo para resolver los problemas.

Muestra tu trabajo.

1. Por la mañana, Nick hizo 8 animales de plastilina. Por la tarde, hizo más animales de plastilina. En total, hizo 15 animales de plastilina. ¿Cuántos animales hizo por la tarde?

animal de plastilina

☐ _____
rótulo

2. Carrie vio algunos pájaros en un árbol. 8 se fueron volando. Quedaron 5. ¿Cuántos pájaros estaban en el árbol al principio?

pájaro

☐ _____
rótulo

3. Leon y sus amigos hicieron 12 muñecos de nieve. Al día siguiente, Leon vio que algunos muñecos se habían derretido. Solo quedaron 9 muñecos de nieve. ¿Cuántos se derritieron?

muñecos de nieve

☐ _____
rótulo

4. 3 lagartos tomaban el sol sobre una roca. Luego, salieron 9 más y se acomodaron junto a los otros. ¿Cuántos lagartos hay sobre la roca ahora?

roca

☐ _____
rótulo

Practica

$$5 + 4 + 3 = \boxed{}$$

$9 \quad + 3$	$5 + \quad 7$	$8 + 4$
$5 + 4 + 3 = \boxed{12}$	$5 + 4 + 3 = \boxed{12}$	$5 + 4 + 3 = \boxed{12}$

Suma.

1. $4 + 8 + 3 = \boxed{}$ $8 + 8 + 2 = \boxed{}$ $7 + 7 + 3 = \boxed{}$

2. $8 + 2 + 6 = \boxed{}$ $5 + 4 + 9 = \boxed{}$ $9 + 2 + 5 = \boxed{}$

3. $7 + 5 + 2 = \boxed{}$ $8 + 4 + 2 = \boxed{}$ $6 + 9 + 4 = \boxed{}$

4. $9 + 3 + 4 = \boxed{}$ $9 + 4 + 5 = \boxed{}$ $8 + 4 + 4 = \boxed{}$

5. $5 + 8 + 2 = \boxed{}$ $2 + 9 + 6 = \boxed{}$ $6 + 3 + 7 = \boxed{}$

6. $2 + 7 + 2 = \boxed{}$ $5 + 4 + 5 = \boxed{}$ $8 + 2 + 7 = \boxed{}$

7. $3 + 6 + 3 = \boxed{}$ $9 + 2 + 2 = \boxed{}$ $5 + 7 + 3 = \boxed{}$

8. $2 + 6 + 4 = \boxed{}$ $6 + 3 + 4 = \boxed{}$ $4 + 5 + 3 = \boxed{}$

9. $2 + 7 + 3 = \boxed{}$ $4 + 2 + 5 = \boxed{}$ $5 + 3 + 3 = \boxed{}$

Más problemas de cambio al sumar y restar

Haz la tarea

Haz un dibujo para resolver los problemas.　　**Muestra tu trabajo.**

1. En la granja del señor Smith hay algunos cerdos. 8 están comiendo maíz. Los otros 7 están bebiendo agua. ¿Cuántos cerdos hay en la granja del señor Smith?

cerdo

[ ]　_____
　　　rótulo

2. Wendy compró 3 globos azules y algunos globos rojos para la fiesta. Compró 11 globos. ¿Cuántos globos rojos compró?

globo

[ ]　_____
　　　rótulo

3. Hay 14 niños en el parque. 7 están en los columpios. El resto están saltando a la cuerda. ¿Cuántos están saltando a la cuerda ?

cuerda para saltar

[ ]　_____
　　　rótulo

4. **Por tu cuenta** Escribe un problema de grupos. Después, haz un dibujo para resolverlo.

_____

_____

_____

Recuerda

Completa las casas de partes.

1.

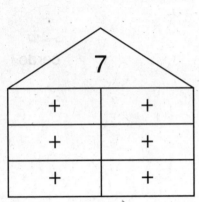

Suma o resta.

2. $\begin{array}{r} 4 \\ +7 \\ \hline \end{array}$ $\begin{array}{r} 5 \\ +6 \\ \hline \end{array}$ $\begin{array}{r} 7 \\ +8 \\ \hline \end{array}$ $\begin{array}{r} 8 \\ +6 \\ \hline \end{array}$ $\begin{array}{r} 7 \\ +7 \\ \hline \end{array}$ $\begin{array}{r} 9 \\ +5 \\ \hline \end{array}$

3. $\begin{array}{r} 6 \\ +9 \\ \hline \end{array}$ $\begin{array}{r} 7 \\ +6 \\ \hline \end{array}$ $\begin{array}{r} 8 \\ +8 \\ \hline \end{array}$ $\begin{array}{r} 9 \\ +7 \\ \hline \end{array}$ $\begin{array}{r} 6 \\ +8 \\ \hline \end{array}$ $\begin{array}{r} 5 \\ +8 \\ \hline \end{array}$

4. $\begin{array}{r} 13 \\ -8 \\ \hline \end{array}$ $\begin{array}{r} 12 \\ -7 \\ \hline \end{array}$ $\begin{array}{r} 17 \\ -9 \\ \hline \end{array}$ $\begin{array}{r} 14 \\ -6 \\ \hline \end{array}$ $\begin{array}{r} 15 \\ -7 \\ \hline \end{array}$ $\begin{array}{r} 16 \\ -8 \\ \hline \end{array}$

5. $\begin{array}{r} 11 \\ -3 \\ \hline \end{array}$ $\begin{array}{r} 15 \\ -8 \\ \hline \end{array}$ $\begin{array}{r} 18 \\ -9 \\ \hline \end{array}$ $\begin{array}{r} 13 \\ -4 \\ \hline \end{array}$ $\begin{array}{r} 16 \\ -9 \\ \hline \end{array}$ $\begin{array}{r} 14 \\ -7 \\ \hline \end{array}$

6. **Medición** Usa tu regla de centímetros. Traza un
   segmento de 6 centímetros de largo en una hoja
   aparte. Traza las longitudes de todas sus partes.

Problemas de grupos

Haz la tarea

Resuelve los problemas.

Muestra tu trabajo.

1. En un autobús escolar viajan 6 niñas y 7 niños.
¿Cuántos estudiantes hay en el autobús?

☐ _____
rótulo

autobús

2. Pang compró algunas manzanas. Bill
compró 6 peras. Pang y Bill compraron 13
frutas. ¿Cuántas manzanas compró Pang?

☐ _____
rótulo

pera

3. Completa el diagrama de Venn agregando por lo
menos dos objetos en el círculo.

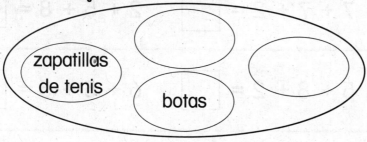

zapatillas de tenis

botas

_____
Categoría o nombre del grupo

4. Por tu cuenta Usa tu diagrama de Venn para escribir
tu propio problema de categorías. Resuelve tu problema
con ecuaciones, palabras o dibujos de matemáticas.

_____

_____

_____

Practica

$$2 + 3 + 6 = \boxed{11}$$

$5 + 6$	$2 + 9$	$8 + 3$
$2 + 3 + 6 = \boxed{11}$	$2 + 3 + 6 = \boxed{11}$	$2 + 3 + 6 = \boxed{11}$

Suma.

1. $5 + 7 + 3 = \square$ $7 + 3 + 2 = \square$ $9 + 2 + 6 = \square$

2. $8 + 2 + 5 = \square$ $6 + 2 + 5 = \square$ $3 + 5 + 6 = \square$

3. $4 + 3 + 4 = \square$ $5 + 3 + 4 = \square$ $8 + 3 + 2 = \square$

4. $6 + 3 + 9 = \square$ $7 + 7 + 2 = \square$ $2 + 5 + 8 = \square$

5. $2 + 7 + 3 = \square$ $5 + 8 + 2 = \square$ $6 + 5 + 5 = \square$

6. $8 + 2 + 2 = \square$ $7 + 4 + 6 = \square$ $4 + 3 + 7 = \square$

7. $5 + 6 + 4 = \square$ $3 + 4 + 4 = \square$ $5 + 2 + 9 = \square$

8. $2 + 8 + 4 = \square$ $6 + 4 + 4 = \square$ $7 + 2 + 4 = \square$

9. $6 + 2 + 3 = \square$ $4 + 5 + 5 = \square$ $9 + 3 + 4 = \square$

Problemas de categorías

Haz la tarea

Haz un dibujo de matemáticas para resolver
los problemas.

Muestra tu trabajo.

1. Peter tiene 13 huevos. Joe tiene 4 menos que
Peter. ¿Cuántos huevos tiene Joe?

huevos

[ ] _____
       rótulo

2. Quiero regalarle una sandía a cada uno de
mis 14 amigos. Tengo 8 sandías en mi jardín.
¿Cuántas más necesito cultivar para darle una
sandía a cada amigo?

sandía

[ ] _____
       rótulo

3. Lë tiene 5 limones. Tina tiene 7 más que Lë.
¿Cuántos limones tiene Tina?

limón

[ ] _____
       rótulo

Por tu cuenta   Completa este problema de
comparación. Después, haz un dibujo para mostrar
cómo resolverlo.

4. Tengo 12 _____.
Mi amigo tiene _____ lápices
_____ que yo. ¿Cuántos
_____ tiene mi amigo?

[ ] _____
       rótulo

Recuerda

Halla todas las ecuaciones de la montaña matemática de 13, 4 y 9.
Usa líneas onduladas para subrayar cada parte.

1.

$4 + 9 = 13$  $13 = 4 + 9$

_____      _____

_____      _____

Resuelve los problemas.   **Muestra tu trabajo.**

2. En el jardín de Dana hay 8 pimientos. Dana
   tiene 9 pimientos en la cocina. ¿Cuántos
   pimientos tiene Dana en total?

   pimiento

   ☐ _____
        rótulo

3. Jonathan tenía 14 archivos en un disco
   compacto. Después, borró 6 archivos.
   ¿Cuántos archivos le quedan?

   disco
   compacto

   ☐ _____
        rótulo

4. **Medición** Usa tu regla de centímetros. Traza un rectángulo
   en una hoja aparte. Halla su perímetro.

Problemas de comparaciones

Haz la tarea

Resuelve los problemas.

Muestra tu trabajo.

I. Parker y Natu fueron a la tienda a comprar gafas de sol. Parker pagó $9 por sus gafas. Natu pagó $6 más que Parker. ¿Cuánto pagó Natu por sus gafas de sol?

gafas de sol

☐ _____
     rótulo

---

2. Una pelota pequeña cuesta 8 centavos. Un anillo cuesta 8 centavos más que la pelota pequeña. ¿Cuántos centavos cuesta un anillo?

anillo

☐ _____
     rótulo

---

3. Si Jared regala 3 fresas, tendrá tantas fresas como Phil. Phil tiene 8 fresas. ¿Cuántas fresas tiene Jared?

fresas

☐ _____
     rótulo

---

4. Andrew tiene 11 pelotas de fútbol. William tiene 3 pelotas de fútbol. ¿Cuántas pelotas menos tiene William que Andrew?

pelota de fútbol

☐ _____
     rótulo

Practica

Completa los espacios en blanco de los diagramas de Venn para mostrar algunas cosas que van juntas.

1.

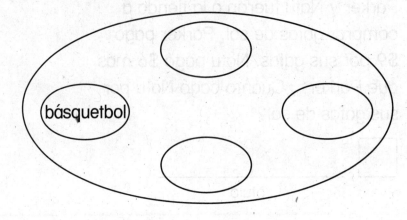

_____
Nombre del grupo

2.

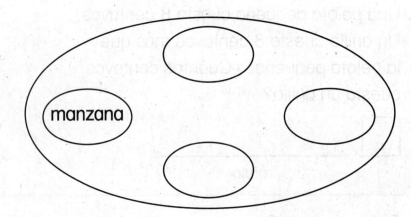

_____
Nombre del grupo

3. Por tu cuenta Crea tu propio diagrama de Venn.
Escribe el nombre del grupo.

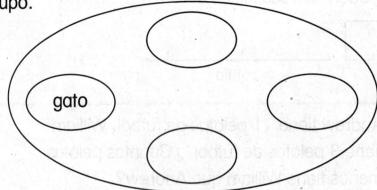

_____
Nombre del grupo

Haz la tarea

Resuelve los problemas.   **Muestra tu trabajo.**

---

1. Susan recorrió 14 cuadras en su bicicleta.
   Awan recorrió 8 cuadras en su bicicleta.
   ¿Cuántas cuadras menos recorrió Awan
   que Susan?

   ☐ _____
         rótulo

bicicleta

---

2. Eden tiene 7 moras. Su papá le dio 9 más.
   ¿Cuántas moras tiene Eden ahora?

   ☐ _____
         rótulo

moras

---

3. Había 9 niños en el autobús. En la primera
   parada se bajaron algunos niños. Todavía
   hay 7 niños en el autobús. ¿Cuántos
   niños se bajaron en la primera parada
   del autobús?

   ☐ _____
         rótulo

parada de
autobús

---

4. El payaso tenía 12 globos. Regaló 4 globos.
   ¿Cuántos globos le quedaron?

   ☐ _____
         rótulo

globos

Recuerda

Suma o resta.

1. 4 + 1 = ☐   3 − 0 = ☐   6 + 0 = ☐   9 − 1 = ☐

2. 8 + 0 = ☐   7 − 1 = ☐   9 + 1 = ☐   4 − 0 = ☐

3. 7 + 1 = ☐   5 − 0 = ☐   4 + 0 = ☐   8 − 1 = ☐

Resuelve el problema.   **Muestra tu trabajo.**

perro
caliente

4. El señor Tyson preparó 14 perros
   calientes en la parrilla. Su familia se
   comió algunos. Ahora le quedan 6 perros
   calientes. ¿Cuántos perros calientes se
   comió su familia?

   ☐ _____
              rótulo

Completa las casas de partes.

5.

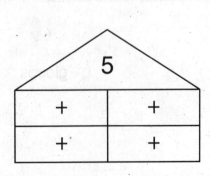

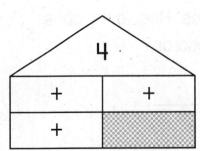

6. **Medición** Usa tu regla de centímetros. Traza un triángulo en
   una hoja aparte. Halla su perímetro.

Haz la tarea

Agrega la información que falta en los problemas que tengan poca información.

Tacha la información adicional en los problemas que tienen demasiada información. Luego resuelve el problema.

Muestra tu trabajo.

---

1. En la clase de música hay 14 niños. Algunos niños salieron para ir a la biblioteca. ¿Cuántos niños se quedaron en la clase de música?

biblioteca

_____

☐ _____
rótulo

---

2. Rosa tiene 5 monedas de oro y 6 monedas de plata en su colección. Su hermano le dio 7 monedas de oro más. ¿Cuántas monedas de oro tiene Rosa en total?

moneda

_____

☐ _____
rótulo

---

3. En el estacionamiento para bicicletas de la escuela había 7 bicicletas. Luego, algunos otros niños pusieron sus bicicletas en el estacionamiento. ¿Cuántas bicicletas hay ahora en el estacionamiento?

bicicleta

_____

☐ _____
rótulo

Practica

Resuelve los problemas.

Muestra tu trabajo.

1. Bernard tenía 9 bellotas. Manuel tenía 6 bellotas menos que Bernard. ¿Cuántas bellotas tiene Manuel?

bellota

☐ _____
        rótulo

2. Roma y Grace tienen 12 cuentas entre los dos. Grace tiene 4 cuentas. ¿Cuántas cuentas tiene que comprar Grace para tener las mismas que Roma?

cuentas

☐ _____
        rótulo

3. En el zoológico hay 14 leones. El zoológico tiene que conseguir 6 tigres para tener la misma cantidad de tigres que de leones. ¿Cuántos tigres hay en el zoológico?

león

☐ _____
        rótulo

4. En el equipo de béisbol hay 13 niños. En el equipo de natación hay 7 niños. ¿Cuántos niños más hay en el equipo de béisbol que en el equipo de natación?

pelota de béisbol

☐ _____
        rótulo

Problemas con poca o demasiada información

Haz la tarea

Tacha la información adicional o escribe la información que
falta o que está oculta. Luego resuelve los problemas.   **Muestra tu trabajo.**

1. Joel conoce los nombres de 9 dinosaurios
   diferentes. Su amiga Peja conoce los
   nombres de 6 dinosaurios y 8 pájaros.
   ¿Cuántos nombres de dinosaurios
   conocen los dos amigos en total?

   dinosaurio

   _____

   ☐ _____
        rótulo

2. Tengo un anillo para cada dedo de las dos
   manos. Quiero comprar 4 anillos más.
   ¿Cuántos anillos tendré entonces?

   manos

   _____

   ☐ _____
        rótulo

3. Erica tenía 6 monedas en su colección.
   Fue a la exhibición de monedas esta
   semana y compró algunas más.
   ¿Cuántas monedas tiene ahora?

   moneda

   _____

   ☐ _____
        rótulo

Recuerda

Halla todas las ecuaciones de la montaña matemática de 15, 6 y 9.
Subraya las partes con líneas onduladas.

1.

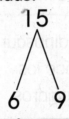

$6 + 9 = 15$

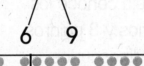

$15 = 6 + 9$

_____   _____

_____   _____

_____   _____

Resuelve el problema.   **Muestra tu trabajo.**

2. Sofía tiene 13 libras de uvas en su cesta.
Tiene 6 libras más que las que tiene Tony
en su cesta. ¿Cuántas libras de uvas hay
en la cesta de Tony?

uvas

[ ] _____
              rótulo

Haz una decena o cuenta hacia adelante para hallar la parte.

3. $6 + \boxed{} = 13$ $17 - 9 = \boxed{}$ $5 + \boxed{} = 14$

4. $8 + \boxed{} = 15$ $14 - 6 = \boxed{}$ $15 - 7 = \boxed{}$

5. Medición Usa tu regla de centímetros. Dibuja un rectángulo
en una hoja aparte. Halla su perímetro.

Problemas con información oculta y práctica mixta

Nombre _____

Haz la tarea

Resuelve los problemas. **Muestra tu trabajo.**

---

1. Bessie contó 5 peces, 3 tortugas y algunas ranas. Contó 14 animales en total. ¿Cuántas ranas contó?

tortuga

☐ _____
   rótulo

---

2. Todd tenía 4 bloques rojos y 5 bloques verdes. Luego, su hermana le dio algunos bloques azules. Todd tiene 17 bloques ahora. ¿Cuántos bloques azules le dio su hermana?

bloque

☐ _____
   rótulo

---

3. En el botellón había 15 tazas de agua. Jacob sirvió 9 tazas de agua para que bebieran los participantes en la carrera. Luego, su tío puso 7 tazas más de agua en el botellón. ¿Cuántas tazas de agua hay en el botellón ahora?

botellón

☐ _____
   rótulo

---

4. Megan tenía 12 dólares en su bolsillo. Gastó 6 dólares en el almuerzo. Luego, un amigo le devolvió 3 dólares que ella le había prestado. ¿Cuánto dinero tiene Megan ahora?

almuerzo

☐ _____
   rótulo

Nombre _____

Practica

Resuelve los problemas.   **Muestra tu trabajo.**

---

1. Alvin tenía una docena de *pretzels* en una
   bolsa. Se comió 9 en el almuerzo. ¿Cuántos
   pretzels le quedan a Alvin?

   pretzel

   ☐ _____
   rótulo

---

2. Ed tiene 10 pares de zapatos en su
   armario. Alicia tiene un par de zapatos
   diferente para cada día de la semana.
   ¿Cuántos pares de zapatos tienen Ed y
   Alicia en total?

   par de
   zapatos

   ☐ _____
   rótulo

---

3. Carlos tiene 8 pericos como mascotas.
   Jeff tiene un par de loros. ¿Cuántos
   pájaros tienen Carlos y Jeff en total?

   perico

   ☐ _____
   rótulo

---

4. Samuel tiene 12 herraduras en su
   establo. Hoy tuvo que cambiar todas
   las herraduras de su caballo. ¿Cuántas
   herraduras le quedan a Samuel en su
   establo?

   herradura

   ☐ _____
   rótulo

Haz la tarea

Resuelve los problemas.   **Muestra tu trabajo.**

1. Jerry se comió 6 porciones de pizza.
Luego, se comió 7 porciones más. Vesta
se comió 9 porciones de pizza. ¿Cuántas
porciones de pizza menos se comió Vesta
que Jerry?

pizza

☐ _____
        rótulo

2. Arnez tiene 2 peces ángel y 5 peces
dorados. Carmen tiene 2 peces ángel y
6 peces dorados. ¿Cuántos peces más
tiene Carmen que Arnez?

pez ángel

☐ _____
        rótulo

3. Chin tenía 9 camarones. Se comió 3.
Luego, su mamá le dio 9 más. ¿Cuántos
camarones tiene Chin ahora?

camarón

☐ _____
        rótulo

4. Compré 3 plátanos, 5 manzanas y algunas
naranjas. Compré 15 frutas en total.
¿Cuántas naranjas compré?

naranja

☐ _____
        rótulo

Recuerda

Suma o resta.

1.
$$
\begin{array}{r} 7 \\ +\ 8 \\ \hline \end{array}
\qquad
\begin{array}{r} 6 \\ +\ 5 \\ \hline \end{array}
\qquad
\begin{array}{r} 9 \\ +\ 2 \\ \hline \end{array}
\qquad
\begin{array}{r} 7 \\ +\ 5 \\ \hline \end{array}
\qquad
\begin{array}{r} 6 \\ +\ 8 \\ \hline \end{array}
\qquad
\begin{array}{r} 3 \\ +\ 8 \\ \hline \end{array}
$$

2.
$$
\begin{array}{r} 13 \\ -\ 4 \\ \hline \end{array}
\qquad
\begin{array}{r} 15 \\ -\ 8 \\ \hline \end{array}
\qquad
\begin{array}{r} 17 \\ -\ 9 \\ \hline \end{array}
\qquad
\begin{array}{r} 16 \\ -\ 7 \\ \hline \end{array}
\qquad
\begin{array}{r} 18 \\ -\ 9 \\ \hline \end{array}
\qquad
\begin{array}{r} 11 \\ -\ 3 \\ \hline \end{array}
$$

Resuelve los problemas.   **Muestra tu trabajo.**

3. Adela y Ben tienen 13 mascotas en total.
   Ben tiene 6 perros. Adela tiene gatos.
   ¿Cuántos gatos tiene Adela?

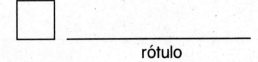

   rótulo

4. Lonnie sembró 16 semillas en su patio.
   4 eran de girasol, 6 eran de tulipán y algunas
   eran de margarita. ¿Cuántas semillas de
   margarita sembró?

semillas

   rótulo

5. **Medición** Usa tu regla de centímetros. Traza un
   segmento de 8 centímetros de largo en una hoja
   aparte. Traza todas las longitudes de sus partes.

Haz la tarea

Resuelve los problemas.   **Muestra tu trabajo.**

1. En el autobús de la escuela pueden
   viajar 16 estudiantes. Ya hay 3 niñas y
   6 niños en el autobús. ¿Cuántos estudiantes
   más pueden viajar en el autobús?

autobús de
la escuela

   ☐ _____
      rótulo

2. Algunas cometas estaban en el aire.
   Luego, 7 se enredaron en los árboles.
   Ahora solo 8 cometas están en el aire.
   ¿Cuántas cometas estaban en el aire al
   principio?

cometa

   ☐ _____
      rótulo

3. Sheldon hizo 13 burbujas. 6 se
   reventaron, entonces hizo 9 burbujas más.
   ¿Cuántas burbujas hay ahora?

burbujas

   ☐ _____
      rótulo

4. **Explicar el razonamiento** Explica los pasos que seguiste para
   resolver el Problema 3.

   _____

   _____

   _____

Practica

Resuelve los problemas.   **Muestra tu trabajo.**

1. Rachel contó 4 vacas, 3 cabras y algunos
caballos en la granja. Contó 16 animales.
¿Cuántos caballos había en la granja?

vaca

[ ] _____
rótulo

2. Allison tenía 8 dólares en su bolsillo. Su
mamá le dio 7 dólares más. Luego gastó
5 dólares en el almuerzo. ¿Cuánto dinero
tiene Allison ahora?

dólar

[ ] _____
rótulo

3. Los estudiantes prepararon
17 sándwiches para el picnic. Prepararon
3 sándwiches de pollo, 6 sándwiches
de carne y algunos sándwiches de
queso. ¿Cuántos sándwiches de queso
prepararon?

sándwich

[ ] _____
rótulo

4. Resumir Explica los pasos que seguiste para resolver el Problema 3.

_____

_____

_____

Práctica mixta y problemas escritos

Haz la tarea

Tacha cualquier información adicional.
Resuelve los problemas.

Muestra tu trabajo.

---

1. Edward y su hermana leyeron 15 libros a
su hermanito. Edward leyó 8 de ellos.
Su hermana se comió 2 naranjas mientras
él leía. ¿Cuántos libros leyó su hermana?

libro

☐ _____
rótulo

---

2. A Amy se le ocurrieron 5 buenas ideas
mientras caminaba. Luego, se le ocurrieron
otras buenas ideas mientras montaba en
bicicleta. En total, se le ocurrieron
12 buenas ideas. ¿Cuántas buenas ideas se
le ocurrieron mientras montaba en bicicleta?

bicicleta

☐ _____
rótulo

---

3. Valeria hizo 13 pulseras. 5 de ellas tenían
cuentas. Las demás no tenían. ¿Cuántas
pulseras no tenían cuentas?

pulsera

☐ _____
rótulo

---

4. Explica Elige uno de los tres problemas. Explica todos
los pasos que seguiste para resolver el problema.

_____

_____

Recuerda

Resuelve los problemas.   **Muestra tu trabajo.**

1. Julio tiene 17 pantalones cortos. Brian
   tiene 9 pantalones cortos. ¿Cuántos
   pantalones cortos más necesita Brian
   para tener la misma cantidad que Julio?

pantalones
cortos

☐ _____
        rótulo

2. Shelby tiene 8 relojes en su casa.
   Theo tiene 4 relojes en su casa.
   En la casa de Heather hay 5 relojes.
   ¿Cuántos relojes tienen los tres
   en total?

reloj

☐ _____
        rótulo

Suma 3 números.

3. 3 + 8 + 2 = ☐   2 + 3 + 6 = ☐   2 + 9 + 4 = ☐

4. 7 + 7 + 4 = ☐   6 + 6 + 4 = ☐   4 + 7 + 3 = ☐

5. 6 + 2 + 4 = ☐   9 + 7 + 2 = ☐   6 + 5 + 3 = ☐

6. **Medición** Usa tu regla de centímetros. Traza un segmento
   de 10 centímetros de largo en una hoja aparte.
   Traza todas las longitudes de sus partes.

Haz la tarea

Di si hay suficiente información para resolver el problema.

Si hay suficiente información, resuélvelo.

Si no hay suficiente información, di qué hace falta.

1. Estoy pensando en una figura.

   Tiene un perímetro de 16 cm.

   ¿En qué figura estoy pensando?

   ¿Hay suficiente información? Sí   No

   _____

2. Estoy pensando un número.

   Es mayor que 30. Es impar.

   ¿En qué número estoy pensando?

   ¿Hay suficiente información? Sí   No

   _____

3. Estoy pensando en una figura.

   Cada lado es de 4 cm.

   Tiene 4 lados.

   ¿En qué figura estoy pensando?

   ¿Hay suficiente información? Sí   No

   _____

4. Estoy pensando un número.

   Tiene dos partes.

   Una parte es 8. La otra es 9.

   ¿En qué número estoy pensando?

   ¿Hay suficiente información? Sí   No

   _____

Nombre _____

Recuerda

Resuelve cada uno de los problemas.

Muestra tu trabajo.

1. Carol tiene 17 estatuillas de caballos.
Bala tiene 8 estatuillas de caballos.
¿Cuántas estatuillas de caballos más necesita
Bala para tener el mismo número que Carol?

☐ _____

estatuilla de
caballo

2. Roberto tiene 13 frutas. Tiene 6 naranjas,
3 manzanas y algunos plátanos.
¿Cuántos plátanos tiene?

☐ _____

frutas

Suma 3 números.

3. $5 + 6 + 3 =$ ☐ **4.** ☐ $= 2 + 8 + 8$ **5.** $3 + 5 + 7 =$ ☐

6. $4 + 5 + 8 =$ ☐ **7.** ☐ $= 1 + 9 + 3$ **8.** $6 + 2 + 4 =$ ☐

9. $7 + 4 + 5 =$ ☐ **10.** ☐ $= 5 + 2 + 4$ **11.** $4 + 3 + 7 =$ ☐

12. Medición Usa tu regla de centímetros.
Traza un segmento de 9 centímetros
de largo en una hoja aparte. Traza todas
las longitudes de sus partes.

Usar procesos matemáticos

Nombre _____

Haz la tarea

Usa una regla de centímetros. Halla el perímetro de cada figura.

1.

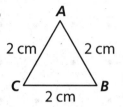

$P = \boxed{}$ cm

2.

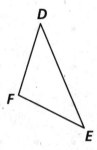

$P = \boxed{}$ cm

3.

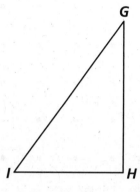

$P = \boxed{}$ cm

4.

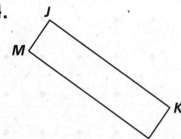

$P = \boxed{}$ cm

5.

$P = \boxed{}$ cm

6.

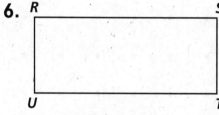

$P = \boxed{}$ cm

7.

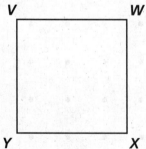

$P = \boxed{}$ cm

8.

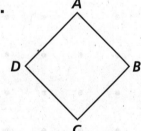

$P = \boxed{}$ cm

9.

$P = \boxed{}$ cm

 10. En la siguiente página Dibuja tres triángulos.

- En el primer triángulo, todos los lados deben tener la misma longitud.
- En el segundo triángulo, solo dos lados deben tener la misma longitud.
- En el tercer triángulo, cada lado debe tener una longitud diferente.

Compartir observaciones sobre geometría

Nombre _____

Haz la tarea

Traza tres paralelogramos más en cada hilera.
La primera hilera ya está resuelta.

1.

2.

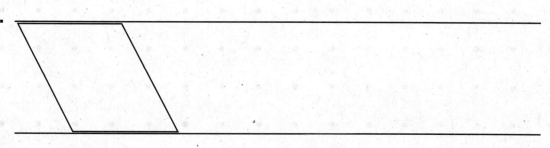

3.

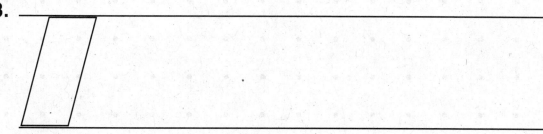

4.

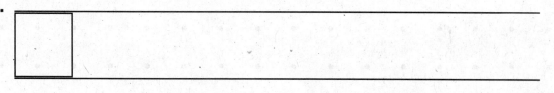

5.

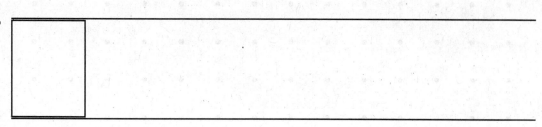

6. En la siguiente página Dibuja tres paralelogramos diferentes.

Definir líneas paralelas y paralelogramos

Haz la tarea

Pon una marca junto a las palabras que describen la figura.

1.

☐ cuadrilátero

☐ paralelogramo

☐ rectángulo

☐ cuadrado

2.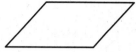

☐ cuadrilátero

☐ paralelogramo

☐ rectángulo

☐ cuadrado

3.

☐ cuadrilátero

☐ paralelogramo

☐ rectángulo

☐ cuadrado

4.

☐ cuadrilátero

☐ paralelogramo

☐ rectángulo

☐ cuadrado

5.

☐ cuadrilátero

☐ paralelogramo

☐ rectángulo

☐ cuadrado

6.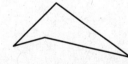

☐ cuadrilátero

☐ paralelogramo

☐ rectángulo

☐ cuadrado

7. En la siguiente página Traza tres cuadriláteros diferentes que tengan el mismo perímetro.

Relacionar cuadriláteros diferentes

Haz la tarea

1. Escribe los números hacia abajo para ver las decenas.

1	11			41			71		
2									92
3						63			
				44			74		
			25						95
					56				
			37						
	18							88	
						69			
10	20			50					100

2. ¿Qué número va después de 100? _____

3. ¿Qué número va después? _____

Nombre _____

Practica

Resuelve cada uno de los problemas.   **Muestra tu trabajo.**

---

1. Rama compró 6 cebollas y 8 zanahorias. Teresa compró 5 berenjenas. ¿Cuántas verduras menos compró Teresa que Rama?

☐ _____
    rótulo

berenjena

---

2. En la fiesta de Melvin había 18 de sus amigos. 7 eran niñas y el resto eran niños. Luego, se fueron 5 niños. ¿Cuántos niños quedaron en la fiesta?

☐ _____
    rótulo

sombrero de fiesta

---

3. En el laboratorio de computación hay 9 computadoras. 7 niñas y 8 niños quieren usar las computadoras. ¿Cuántos estudiantes se quedarán sin usar una computadora?

☐ _____
    rótulo

computadora

---

4. Melissa puso en su sombrero 4 plumas rojas, 5 plumas moradas y algunas plumas amarillas. Tiene 16 plumas en total. ¿Cuántas plumas son amarillas?

☐ _____
    rótulo

pluma

Unidades, decenas y centenas

Haz la tarea

Suma.

1. $50 + 40 =$ _____ $80 + 10 =$ _____ $60 + 20 =$ _____

   $5 + 4 =$ _____ $8 + 1 =$ _____ $6 + 2 =$ _____

2. $10 + 70 =$ _____ $30 + 70 =$ _____ $40 + 30 =$ _____

   $1 + 7 =$ _____ $3 + 7 =$ _____ $4 + 3 =$ _____

3. $30 + 60 =$ _____ $20 + 80 =$ _____ $50 + 40 =$ _____

   $3 + 6 =$ _____ $2 + 8 =$ _____ $5 + 4 =$ _____

4. $50 + 30 =$ _____ $70 + 20 =$ _____ $40 + 60 =$ _____

   $5 + 3 =$ _____ $7 + 2 =$ _____ $4 + 6 =$ _____

5. $90 + 10 =$ _____ $50 + 20 =$ _____ $20 + 30 =$ _____

   $9 + 1 =$ _____ $5 + 2 =$ _____ $2 + 3 =$ _____

6. $30 + 10 =$ _____ $50 + 30 =$ _____ $40 + 20 =$ _____

   $3 + 1 =$ _____ $5 + 3 =$ _____ $4 + 2 =$ _____

Recuerda

Completa el diagrama de Venn para mostrar algunas cosas
que van juntas.

1.

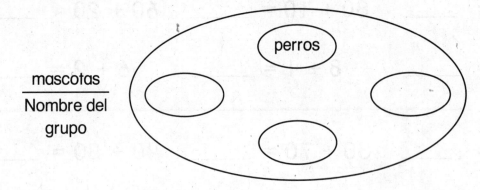

mascotas
_____
Nombre del
grupo

Escribe las ecuaciones de la montaña matemática.
Subraya las partes con líneas onduladas.

2.

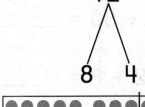

$8 + 4 = 12$  $12 = 8 + 4$

_____      _____

_____      _____

_____      _____

Suma o resta.

3. $5 + 0 =$ _____ $10 - 0 =$ _____ $2 - 1 =$ _____

4. $2 + 1 =$ _____ $4 - 0 =$ _____ $9 + 1 =$ _____

5. **Medición** Traza 3 figuras con el mismo perímetro
en una hoja aparte.

Haz la tarea

Dibuja estos números usando cuadrados de centenas,
palitos de decenas y círculos. Después, escribe las
centenas, las decenas y las unidades.

I.	2.	3.

176   143   184

100 + 70 + 6   ___ + ___ + ___   ___ + ___ + ___

¿Qué números se muestran aquí?   C = Centenas, D = Decenas, U = Unidades

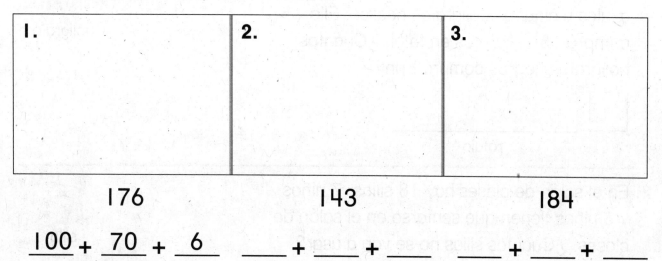

4. ⬜ ||| ○○○○○ ○○

__1__ C __2__ D __7__ U

127 = 100 + 20 + 7

5. ⬜ ||||| ○○○

___ C ___ D ___ U

___ = ___ + ___ + ___

6. ⬜ ||| ○○

___ C ___ D ___ U

___ = ___ + ___ + ___

7. ⬜ | ○○○○○ ○○

___ C ___ D ___ U

___ = ___ + ___ + ___

Practica

Resuelve los problemas.

Muestra tu trabajo.

---

1. Erin compró 4 bolígrafos rojos, 5 bolígrafos azules y algunos bolígrafos negros. Ella compró 15 bolígrafos en total. ¿Cuántos bolígrafos negros compró Erin?

bolígrafo

☐ _____
        rótulo

---

2. En el salón de clases hay 18 sillas. 7 niños y 6 niñas tienen que sentarse en el salón de clases. ¿Cuántas sillas no se van a usar?

silla

☐ _____
        rótulo

---

3. Nicole preparó 20 *muffins*. 8 eran de arándano y el resto eran *muffins* de manzana. Luego, regaló 5 *muffins* de manzana. ¿Cuántos *muffins* de manzana le quedan ahora?

muffin

☐ _____
        rótulo

---

4. La tienda de mascotas tenía 15 pájaros y algunos conejos. Tenían 6 conejos menos que pájaros. Hoy vendieron 3 conejos. ¿Cuántos conejos quedan en la tienda?

conejo

☐ _____
        rótulo

Representar los números de formas diferentes

Haz la tarea

Suma.

1. $25 + 7 =$ _____   2. $24 + 3 =$ _____   3. $73 + 3 =$ _____

4. $37 + 6 =$ _____   5. $59 + 5 =$ _____   6. $69 + 4 =$ _____

7. $26 + 8 =$ _____   8. $67 + 8 =$ _____   9. $37 + 2 =$ _____

10. $33 + 7 =$ _____   11. $56 + 6 =$ _____   12. $47 + 5 =$ _____

13. $40 + 60 =$ _____ $20 + 80 =$ _____ $30 + 30 =$ _____

$4 + 6 =$ _____ $2 + 8 =$ _____ $3 + 3 =$ _____

14. $50 + 20 =$ _____ $70 + 20 =$ _____ $40 + 80 =$ _____

$5 + 2 =$ _____ $7 + 2 =$ _____ $4 + 8 =$ _____

15. $50 + 40 =$ _____ $60 + 20 =$ _____ $20 + 30 =$ _____

$5 + 4 =$ _____ $6 + 2 =$ _____ $2 + 3 =$ _____

16. $30 + 60 =$ _____ $10 + 50 =$ _____ $40 + 40 =$ _____

$3 + 6 =$ _____ $1 + 5 =$ _____ $4 + 4 =$ _____

Recuerda

Suma los 3 números.

1. 3 + 2 + 6 = _____

2. 6 + 3 + 3 = _____

3. 7 + 3 + 2 = _____

4. 3 + 5 + 6 = _____

5. 9 + 4 + 2 = _____

6. 5 + 6 + 3 = _____

7. 5 + 8 + 5 = _____

8. 8 + 3 + 7 = _____

9. 3 + 9 + 6 = _____

10. 7 + 3 + 7 = _____

11. 9 + 3 + 3 = _____

12. 8 + 5 + 4 = _____

Completa las casas de partes.

13.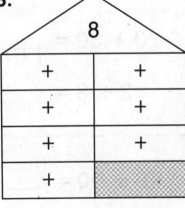

14.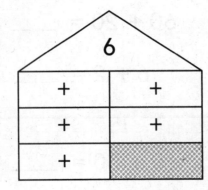

15.

9	
+	+
+	+
+	+
+	+

16. **Medición** Dibuja 3 figuras con el mismo perímetro
en una hoja aparte.

Sumar números de 2 dígitos y de 1 dígito

Haz la tarea

Agrupa las partes de 10. El primero ya está resuelto.

1. 3 + 7 = 10

2. 9 + 1 = 10

○ ○ ○ ○ ○   ○ ○ ○ ○ ○

3. 4 + 6 = 10

○ ○ ○ ○ ○   ○ ○ ○ ○ ○

Agrupa las partes de 100. El primero ya está resuelto.

4. 30 + 70 = 100

||||| ||||||

5. 90 + 10 = 100

||||| |||||

6. 40 + 60 = 100

||||| |||||

Suma.

7. 80 + 60 = _____   60 + 90 = _____   60 + 70 = _____

8 + 6 = _____   6 + 9 = _____   6 + 7 = _____

8. 70 + 50 = _____   30 + 90 = _____   90 + 60 = _____

7 + 5 = _____   3 + 9 = _____   9 + 6 = _____

9. 40 + 90 = _____   90 + 80 = _____   80 + 50 = _____

4 + 9 = _____   9 + 8 = _____   8 + 5 = _____

Nombre _____

Practica

Tacha la información adicional.
Resuelve cada uno de los problemas.

Muestra tu trabajo.

---

1. En la estación de la calle Almendro había
6 trenes y 2 autobuses. Acaban de llegar
9 autobuses y 4 trenes más. ¿Cuántos
autobuses hay en la estación ahora?

estación de
autobús

☐ _____
rótulo

---

2. La tienda de mascotas tenía 12 gatitos y
11 cachorros. Hoy vendieron
3 cachorros. ¿Cuántos cachorros
quedan en la tienda?

gatito

☐ _____
rótulo

---

3. El granjero tiene 8 vacas y 6 pavos.
Acaba de comprar 7 pavos más.
¿Cuántos pavos tiene el granjero ahora?

pavo

☐ _____
rótulo

---

4. Jane sacó de la biblioteca 9 libros de
ciencias y 7 libros de aventuras. Luego,
devolvió 5 libros de ciencias. ¿Cuántos
libros de ciencias tiene aún?

libro de
ciencias

☐ _____
rótulo

Hallar partes de 100 que terminan en cero

Haz la tarea

Resuelve los problemas.   **Muestra tu trabajo.**

---

1. Mina recogió 63 flores de su jardín. Ella
   puede poner 10 flores en cada florero.
   ¿Cuántos floreros llenará? ¿Cuántas flores
   quedarán de sobra?

   ☐ floreros y quedan   ☐ flores de sobra

---

2. Luisa tiene 85 cupones. Con 10 de ellos puede
   reclamar un juguete. ¿Cuántos juguetes podrá
   reclamar Luisa con sus cupones? ¿Cuántos
   cupones quedarán de sobra?

   ☐ juguetes y quedan   ☐ cupones de sobra

---

3. Mustafa quiere comprar unos libros que cuestan
   10 dólares cada uno. Él tiene 45 dólares.
   ¿Cuántos libros puede comprar? ¿Cuántos
   dólares quedarán de sobra?

   ☐ libros y quedan   ☐ dólares de sobra

---

4. El equipo de atletismo tiene 72 botellas de
   agua. Pueden empacar 10 botellas en una caja.
   ¿Cuántas cajas pueden llenar con botellas?
   ¿Cuántas botellas de agua quedarán de sobra?

   ☐ cajas y quedan   ☐ botellas de sobra

Nombre _____

Recuerda

¿Qué números se muestran aquí?   C = Centenas, D = Decenas, U = Unidades

I. ☐ ‖‖‖‖ °°

_____ C _____ D _____ U

_____ = _____ + _____ + _____

2. ☐ ‖‖‖ °°°°°°°°°

_____ C _____ D _____ U

_____ = _____ + _____ + _____

3. ☐ ‖‖‖‖‖‖ °°°

_____ C _____ D _____ U

_____ = _____ + _____ + _____

4. ☐ ‖ °°°°°

_____ C _____ D _____ U

_____ = _____ + _____ + _____

Resuelve cada uno de los problemas.   **Muestra tu trabajo.**

5. Lee compró 7 lápices el viernes.
El sábado compró 3 borradores y
4 lápices. ¿Cuántos lápices compró
en total en esos dos días?

☐ _____
      rótulo

lápiz

6. Corey vio 5 patos. James vio 13 patos.
¿Cuántos patos menos vio Carla que
James?

☐ _____
      rótulo

pato

7. Medición Dibuja 3 figuras con el mismo
perímetro en una hoja aparte.

Combinar unidades, decenas y centenas

Nombre _____

Haz la tarea

Traza líneas para hacer parejas.
Escribe par o impar.

1. ● ● ●
   ● ● ● ●
   _____

2. ● ● ● ● ● ● ●
   ● ● ● ● ● ● ●
   _____

3. ● ● ● ●
   ● ● ● ●
   _____

4. ● ● ● ● ● ● ●
   ● ● ● ● ● ● ● ●
   _____

Escribe par o impar para cada número.

5. 18 _____

6. 60 _____

7. 49 _____

8. 32 _____

9. 51 _____

10. 87 _____

Recuerda

¿Qué números se muestran aquí?

1. ☐ | | | | ○ ○ ○

_____ C _____ D _____ U

_____ = _____ + _____ +

_____

2. ☐ | | | | | | | ○ ○ ○ ○ ○ ○

_____ C _____ D _____ U

_____ = _____ + _____ +

3. ☐ | | ○ ○ ○ ○

_____ C _____ D _____ U

_____ = _____ + _____ +

_____

4. ☐ | | | | | ○ ○ ○ ○ ○ ○ ○ ○

_____ C _____ D _____ U

_____ = _____ + _____ +

Resuelve los problemas.

Muestra tu trabajo.

5. Ramon tiene 15 tarjetas de béisbol. Michael tiene 9 tarjetas. ¿Cuántas tarjetas menos tiene Michael que Ramon?

☐ _____
      rótulo

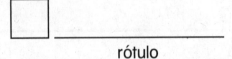

tarjeta

6. Ming tiene 5 adhesivos sobre 1 hoja. 2 de los adhesivos son estrellas. Ella tiene 4 adhesivos sobre la segunda hoja. ¿Cuántos adhesivos tiene sobre las dos hojas?

☐ _____
      rótulo

adhesivo

Números pares e impares

Haz la tarea

Encierra en un círculo un grupo de 10. Estima cuántos hay en total. Cuenta.

1.

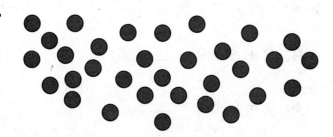

Estimación _____

Cantidad real _____

2.

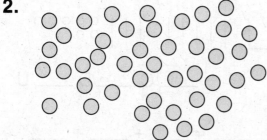

Estimación _____

Cantidad real _____

Estima cuántas monedas de 1 centavo caben en el rectángulo. Llena el rectángulo con monedas de 1 centavo. Cuenta las monedas.

3.

Estimación _____

Cantidad real _____

Recuerda

Suma los tres números.

1. $4 + 2 + 7 =$ _____

2. $3 + 2 + 9 =$ _____

3. $5 + 7 + 3 =$ _____

4. $2 + 6 + 9 =$ _____

5. $3 + 2 + 6 =$ _____

6. $9 + 6 + 3 =$ _____

7. $5 + 4 + 7 =$ _____

8. $8 + 1 + 9 =$ _____

¿Qué números se muestran a continuación?

9. ☐ | | | | | | ○ ○ ○ ○

___ C ___ D ___ U

___ = ___ + ___ + ___

10. ☐ | | | | | | | | | ○ ○ ○ ○ ○ ○ ○

___ C ___ D ___ U

___ = ___ + ___ + ___

11. ☐ | | | ○ ○

___ C ___ D ___ U

___ = ___ + ___ + ___

12. ☐ | | | | | | | | | | | ○ ○ ○ ○ ○ ○

___ C ___ D ___ U

___ = ___ + ___ + ___

Estimación

Nombre _____

Haz la tarea

Suma unidades, decenas o una centena.

1.   9 + 8 = _____   7 + 7 = _____   9 + 5 = _____

    90 + 80 = _____   70 + 70 = _____   90 + 50 = _____

2.   6 + 8 = _____   8 + 3 = _____   9 + 7 = _____

    60 + 80 = _____   80 + 30 = _____   90 + 70 = _____

3.   7 + 5 = _____   6 + 9 = _____   8 + 8 = _____

    70 + 50 = _____   60 + 90 = _____   80 + 80 = _____

4.   8 + 7 = _____   6 + 5 = _____   9 + 4 = _____

    80 + 70 = _____   60 + 50 = _____   90 + 40 = _____

5. 100 + 48 = _____   6. 21 + 100 = _____   7. 100 + 2 = _____

    10 + 48 = _____   21 + 10 = _____   10 + 2 = _____

     1 + 48 = _____   21 + 1 = _____   1 + 2 = _____

Inventar sumas con números de 2 dígitos **105**

Practica

Suma.

1.
```
    28
  + 19
```

```
    52
  + 33
```

```
    59
  + 27
```

2.
```
    45
  + 16
```

```
    54
  + 37
```

```
    38
  + 21
```

3.
```
    25
  + 62
```

```
    23
  + 48
```

```
    55
  + 35
```

4.
```
    77
  + 14
```

```
    56
  + 29
```

```
    41
  + 38
```

Inventar sumas con números de 2 dígitos

Haz la tarea

Resuelve los problemas.

Muestra tu trabajo.

1. Kivy hizo 34 canastas. Su padre hizo 58 canastas. ¿Cuántas canastas hicieron los dos en total?

canasta

rótulo

2. Glen imprimió 67 carteles ayer y 86 más hoy. ¿Cuántos carteles imprimió en total?

cartel

rótulo

Suma.

3.
```
   39          67          47
 + 44        + 56        + 98
```

4.
```
   48          85          94
 + 33        + 68        + 57
```

Recuerda

Suma.

1. 7 + 3 = _____   6 + 9 = _____   8 + 3 = _____

    70 + 30 = _____   60 + 90 = _____   80 + 30 = _____

---

2. 6 + 6 = _____   4 + 8 = _____   9 + 9 = _____

    60 + 60 = _____   40 + 80 = _____   90 + 90 = _____

---

3. 6 + 4 = _____   5 + 2 = _____   100 + 14 = _____

    60 + 40 = _____   50 + 20 = _____   10 + 14 = _____

                                                  1 + 14 = _____

Representa estos números con cuadrados, palitos y círculos.
Luego escribe las centenas, decenas y unidades.

4.   5.   6.

        127   109   133

    100 + 20 + 7   ___ + ___ + ___   ___ + ___ + ___

7. **Medición** Dibuja 3 figuras que tengan el mismo perímetro
   en una hoja aparte.

Suma: Método para mostrar todos los totales

Haz la tarea

$$
\begin{array}{r} 86 \\ + 57 \\ \hline 130 \\ + 13 \\ \hline 143 \end{array}
\qquad \text{ó} \qquad
\begin{array}{r} 86 \\ + 57 \\ \hline 143 \end{array}
$$

$$130 + 13 = 143$$

Suma. Usa cualquier método.

1.
$$
\begin{array}{r} 97 \\ + 45 \\ \hline \end{array}
\qquad\qquad
\begin{array}{r} 54 \\ + 39 \\ \hline \end{array}
\qquad\qquad
\begin{array}{r} 35 \\ + 47 \\ \hline \end{array}
$$

2.
$$
\begin{array}{r} 56 \\ + 77 \\ \hline \end{array}
\qquad\qquad
\begin{array}{r} 76 \\ + 88 \\ \hline \end{array}
\qquad\qquad
\begin{array}{r} 86 \\ + 65 \\ \hline \end{array}
$$

3.
$$
\begin{array}{r} 47 \\ + 73 \\ \hline \end{array}
\qquad\qquad
\begin{array}{r} 87 \\ + 49 \\ \hline \end{array}
\qquad\qquad
\begin{array}{r} 57 \\ + 48 \\ \hline \end{array}
$$

Practica

Resuelve los problemas.   **Muestra tu trabajo.**

1. Greg tenía algunos libros de la biblioteca. Greg devolvió 8 libros a la biblioteca. Ahora tiene 8 libros. ¿Cuántos libros tenía al principio?

biblioteca

☐ _____

          rótulo

2. Asha hizo algunos dibujos. Luego hizo 5 dibujos más. Ahora tiene 14 dibujos. ¿Cuántos dibujos hizo inicialmente?

dibujo

☐ _____

          rótulo

3. Sam recibió algunas galletas saladas de su mamá. Él se comió 9 galletas. Le quedaron 6 galletas. ¿Cuántas galletas saladas le dio su mamá?

galletas saladas

☐ _____

          rótulo

4. Algunos niños estaban jugando en el parque. Llegaron 7 niños más. Ahora hay 14 niños jugando en el parque. ¿Cuántos niños estaban jugando en el parque inicialmente?

parque

☐ _____

          rótulo

Suma: Método de anotar grupos nuevos abajo

Haz la tarea

```
    75        75
  + 49      + 49
  ────      ────
   110       124
  + 14
  ────
   124  ó        110 + 14 = 124
```

Suma. Usa cualquier método.

1. 　83　　　　　　65　　　　　　78
　　+ 79　　　　　+ 47　　　　　+ 34
　　────　　　　　────　　　　　────

2. 　74　　　　　　48　　　　　　92
　　+ 99　　　　　+ 87　　　　　+ 59
　　────　　　　　────　　　　　────

3. 　63　　　　　　75　　　　　　86
　　+ 77　　　　　+ 48　　　　　+ 32
　　────　　　　　────　　　　　────

Recuerda

Resuelve los problemas.

1. El vivero La arboleda tiene 84 pinos. El vivero Acres tiene 37 pinos. ¿Cuántos pinos tienen los dos viveros en total?

pino

☐ _____
    rótulo

2. Lin halló algunas conchas. Lee halló 9 conchas más. Ahora entre los dos tienen 17 conchas. ¿Cuántas conchas halló Lin?

concha

☐ _____
    rótulo

3. La joyería tiene 48 relojes en rebaja. La farmacia vecina tiene 23 relojes en rebaja. ¿Cuántos relojes en rebaja tienen en total los dos lugares?

reloj
en rebaja

☐ _____
    rótulo

4. La guardería tiene 29 ositos de peluche. Hace poco pidieron 75 más. ¿Cuántos ositos de peluche tendrá la guardería cuando llegue el pedido?

osito de
peluche

☐ _____
    rótulo

5. **Medición** Dibuja 3 figuras que tengan el mismo perímetro en una hoja aparte.

Haz la tarea

Eres el ayudante. ¿Es correcta la respuesta? Escribe *sí*
o *no*. Si es *no*, corrige los errores y escribe la respuesta
correcta.

43 + 28 71	¿Correcta? Sí	45 + 23 78
	¿Correcta? No	45 + 23 78 **68**

1. 27
   + 45
   ---
    72   ¿Correcta? ☐

2. 68
   + 26
   ---
    84   ¿Correcta? ☐

3. 32
   + 29
   ---
   511   ¿Correcta? ☐

4. 16
   + 67
   ---
    91   ¿Correcta? ☐

5. 59
   + 25
   ---
    74   ¿Correcta? ☐

6. 51
   + 44
   ---
    95   ¿Correcta? ☐

7. 85
   + 56
   ---
   141   ¿Correcta? ☐

8. 58
   + 99
   ---
   147   ¿Correcta? ☐

9. 73
   + 82
   ---
   165   ¿Correcta? ☐

Practica

Suma. Usa cualquier método.

1.
$$
\begin{array}{r} 42 \\ + 74 \\ \hline \end{array}
\qquad
\begin{array}{r} 88 \\ + 91 \\ \hline \end{array}
\qquad
\begin{array}{r} 61 \\ + 73 \\ \hline \end{array}
$$

2.
$$
\begin{array}{r} 75 \\ + 33 \\ \hline \end{array}
\qquad
\begin{array}{r} 42 \\ + 97 \\ \hline \end{array}
\qquad
\begin{array}{r} 27 \\ + 71 \\ \hline \end{array}
$$

3.
$$
\begin{array}{r} 95 \\ + 61 \\ \hline \end{array}
\qquad
\begin{array}{r} 22 \\ + 93 \\ \hline \end{array}
\qquad
\begin{array}{r} 81 \\ + 71 \\ \hline \end{array}
$$

4.
$$
\begin{array}{r} 36 \\ + 92 \\ \hline \end{array}
\qquad
\begin{array}{r} 82 \\ + 75 \\ \hline \end{array}
\qquad
\begin{array}{r} 54 \\ + 73 \\ \hline \end{array}
$$

Elegir un método para sumar

Haz la tarea

Resuelve los problemas.   **Muestra tu trabajo.**

1. Este es el camino que siguió Fluffy
   en su paseo de hoy. ¿Cuántas yardas
   caminó?

   [   ] _____
              rótulo

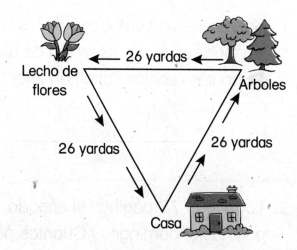

2. Colin quiere decorar el marco de
   un cuadro con una cinta dorada.
   ¿Cuánto debe medir la cinta si
   Colin quiere rodear todo el marco?

   [   ] _____
              rótulo

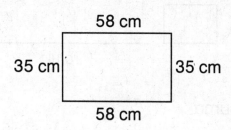

3. Este es un dibujo de la vista superior
   del nuevo arenero del parque. Cada
   lado mide 16 pies de largo. Un banco
   de madera rodea todo el perímetro.
   ¿Cuánto mide el banco?

   [   ] _____
              rótulo

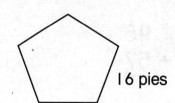

16 pies

Recuerda

Resuelve los problemas.   **Muestra tu trabajo.**

---

1. Sean tiene una colección de 48 recetas.
   Hannah tiene una colección de 53 recetas.
   ¿Cuántas recetas tienen en total?

   recetas

   [   ] _____
        rótulo

---

2. Todd leyó 77 páginas el sábado. Leyó 93
   páginas el domingo. ¿Cuántas páginas
   leyó en los dos días?

   páginas

   [   ] _____
        rótulo

Suma.

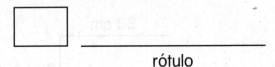

3.   64   19   13
   + 87   + 78   + 79
   ____   ____   ____

---

4.   45   26   86
   + 57   + 97   + 59
   ____   ____   ____

5. **Medición** Dibuja 3 figuras con el mismo
   perímetro en una hoja aparte.

Sumar números de 2 dígitos en problemas de perímetros

Haz la tarea

Aquí hay más frutas y verduras del Puesto de verduras.
Responde las siguientes preguntas. Luego, dibuja la
cantidad de dinero. El primero ya está resuelto.

Manzanas 79¢	Berenjena 96¢	Peras 58¢	Cebollines 67¢	Naranjas 85¢

¿Cuánto gastarías si quisieras comprar...

1. ...manzanas y
   naranjas?   _____164_____ ¢ | 1 dólar | (10¢) (10¢) (10¢) (10¢) (10¢) (10¢)
                                                           (1¢) (1¢) (1¢) (1¢)

2. ...manzanas y
   cebollines?   _____ ¢

3. ...peras y
   cebollines?   _____ ¢

4. ...peras y
   manzanas?   _____ ¢

5. ...berenjena y
   naranjas?   _____ ¢

Practica

Escribe debajo de las monedas la cantidad total de dinero
hasta ese momento. El primero ya está resuelto.

1. 10¢   10¢   5¢   5¢   1¢   1¢

10¢   20¢   25¢   30¢   31¢   32¢

2. 10¢   10¢   10¢   10¢   10¢   1¢

_____

3. 10¢   5¢   5¢   5¢   1¢   1¢   1¢

_____

4. 10¢   5¢   1¢   1¢   1¢   1¢

_____

5. Dibuja las monedas que usarías para mostrar 85¢.
Usa monedas de (10¢, 5¢ y 1¢).

Comprar con monedas de 1 centavo y 10 centavos

Haz la tarea

Aquí hay algunos alimentos del kiosko de meriendas. Responde las siguientes preguntas. Luego, dibuja las cantidades de dinero con dólares y monedas de 10, 5 y 1 centavo.

| Perro caliente 87¢ | Durazno 76¢ | Sándwich 98¢ | Maíz 65¢ | Sandía 59¢ |

¿Cuánto gastarías si quisieras comprar...

1. ...un perro caliente y maíz? _____ ¢

2. ...un sándwich y un durazno? _____ ¢

3. ...una sandía y un perro caliente? _____ ¢

4. ...un sándwich y una sandía? _____ ¢

5. Resolución de problemas Ivan tiene 6 monedas. El valor de sus monedas es de 37¢. Tres son monedas de 10 centavos. ¿Cuáles son las otras 3 monedas?

Recuerda

Resuelve los problemas. **Muestra tu trabajo.**

1. En la caja de verduras hay 53 pimientos verdes. En la misma caja hay 59 pimientos amarillos. ¿Cuántos pimientos amarillos y verdes hay en total?

pimientos

☐ _____
rótulo

2. Seth halló algunas rocas en el campo. Mandy halló 5 rocas más. Ahora hay 13 rocas. ¿Cuántas rocas halló Seth?

rocas

☐ _____
rótulo

3. La compañía de transportes de Ted tenía 84 camiones. Acaban de comprar 28 camiones nuevos. ¿Cuántos camiones tienen ahora?

camión

☐ _____
rótulo

Suma.

4.
$$49 + 85$$

$$93 + 56$$

$$61 + 39$$

5. **Medición** Dibuja 3 figuras con el mismo perímetro en una hoja aparte.

Comprar con monedas de 1, 5 y 10 centavos

Nombre _____

Haz la tarea

Completa la secuencia numérica. Escribe la regla.

1. 12, 14, 16, _____ , _____ , _____ , _____   Regla: n **+ 2**

2. 25, 30, 35, _____ , _____ , _____ , _____   Regla: n _____

3. 49, 52, 55, _____ , _____ , _____ , _____   Regla: n _____

4. 80, 90, 100, _____ , _____ , _____ , _____   Regla: n _____

5. 46, 56, 66, _____ , _____ , _____ , _____   Regla: n _____

6. 58, 56, 54, _____ , _____ , _____ , _____   Regla: n **− 2**

7. 39, 36, 33, _____ , _____ , _____ , _____   Regla: n _____

8. 48, 42, 36, _____ , _____ , _____ , _____   Regla: n _____

9. 70, 65, 60, _____ , _____ , _____ , _____   Regla: n _____

10. 126, 130, 134, _____ , _____ , _____ , _____   Regla: n _____

11. 135, 140, 145, _____ , _____ , _____ , _____   Regla: n _____

12. **Explicar el razonamiento**. ¿Qué toma menos tiempo? Explica.
    - Contar salteado de 2 en 2 hasta 100.
    - Contar salteado de 5 en 5 hasta 100.

_____

_____

Practica

Completa la secuencia numérica. Escribe la regla.

1. 15, 21, 27, _____, _____, _____   Regla: n __+ 6__

2. 39, 35, 31, _____, _____, _____   Regla: n _____

3. 29, 34, 39, _____, _____, _____   Regla: n _____

4. 43, 39, 35, _____, _____, _____   Regla: n _____

5. 66, 69, 72, _____, _____, _____   Regla: n _____

6. 43, 35, 27, _____, _____, _____   Regla: n _____

7. 84, 86, 88, _____, _____, _____   Regla: n _____

8. 52, 46, 40, _____, _____, _____   Regla: n _____

9. 21, 29, 37, _____, _____, _____   Regla: n _____

10. 90, 87, 84, _____, _____, _____   Regla: n _____

11. 11, 17, 23, _____, _____, _____   Regla: n _____

12. 49, 56, 63, _____, _____, _____   Regla: n _____

13. 37, 48, 59, _____, _____, _____   Regla: n _____

14. 84, 75, 66, _____, _____, _____   Regla: n _____

Haz la tarea

Resuelve los problemas. **Muestra tu trabajo.**

---

1. En el teatro caben 100 personas. Vendimos
   62 boletos para la obra. ¿Cuántos boletos
   más tenemos que vender para llenar el teatro?

teatro

   ▢ _____
   rótulo

---

2. En mi huerto hay 82 árboles. 47 son de lima.
   Los demás son de limón. ¿Cuántos árboles
   de limón tengo?

huerto

   ▢ _____
   rótulo

---

3. Hay 75 asientos en el avión. 41 están junto a
   una ventana. El resto no lo están. ¿Cuántos
   asientos no están junto a una ventana?

ventana

   ▢ _____
   rótulo

---

4. La tienda de regalos vendió 93 llaveros
   de plantas y animales. 48 eran llaveros de
   plantas. ¿Cuántos llaveros eran de animales?

llavero

   ▢ _____
   rótulo

---

5. Halla la parte desconocida.

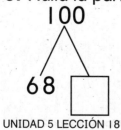
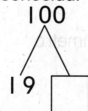
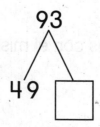
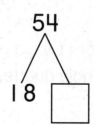

Recuerda

Aquí hay algunos alimentos más del kiosko de meriendas. Responde las siguientes preguntas. Después, dibuja la cantidad de dinero.

| Perro caliente 87¢ | Uvas 78¢ | Yogur 68¢ | Palomitas de maíz 45¢ | Jugo de fruta 79¢ |

¿Cuánto gastarías si quisieras comprar...

1. ...un jugo de fruta y
un perro caliente? _____ ¢

2. ...un yogur y unas
palomitas de maíz? _____ ¢

Resuelve el problema.   **Muestra tu trabajo.**

3. Dora atrapó 4 mariposas en su red. Joel
atrapó algunas mariposas más. Ahora tienen
13 mariposas. ¿Cuántas mariposas atrapó
Joel?

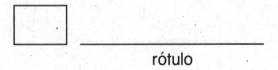

mariposas

☐ _____
    rótulo

4. Medición Dibuja 3 figuras con el mismo perímetro
en una hoja aparte.

Hallar partes con 2 dígitos

Haz la tarea

Dibuja la figura siguiente. Luego, escribe el nombre de la figura.

1. 🌷 ☼ 🌙 🌷 ☼ 🌙 🌷 ☼ 🌙 🌷 ☼ 🌙 🌷 ___

_____

2. ◇ △ ⬠ ⬠ ◇ △ ⬠ ⬠ ◇ △ ⬠ ⬠ ◇ △ ___

_____

3. Dibuja un patrón de figuras ABBC.

Di cada patrón en voz alta.
Escribe el número siguiente.

4. 1, 2, 3, 1, 2, 3, 1, 2, 3, 1, 2, _____

5. 7, 7, 8, 7, 7, 8, 7, 7, 8, 7, _____

6. 4, 4, 5, 6, 4, 4, 5, 6, 4, 4, 5, 6, 4, _____

7. 3, 4, 5, 6, 3, 4, 5, 6, 3, 4, 5, 6, 3, _____

Recuerda

Resuelve los problemas.   **Muestra tu trabajo.**

1. Pedro tiene 64 monedas de 1 centavo en una alcancía. Tiene 58 monedas de 1 centavo en otra alcancía. ¿Cuántas monedas de 1 centavo tiene en las dos alcancías?

moneda de 1 centavo

[   ] _____
               rótulo

2. Dee contó 79 flores en el jardín del frente de la casa. Contó 55 flores en el jardín de atrás de la casa. ¿Cuántas flores contó en total?

flores

[   ] _____
               rótulo

Suma.

3.   72
   + 49
   ____

4.   18
   + 95
   ____

5.   56
   + 38
   ____

6.   85
   + 27
   ____

7.   79
   + 56
   ____

8.   87
   + 69
   ____

Patrones con objetos y números

Haz la tarea

Usa el diagrama.

Esquinas
cuadradas   4 lados

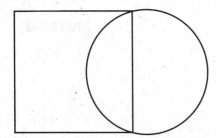

1. Dentro de cada sección del diagrama dibuja una figura
   que corresponda a esas características.

2. Afuera del diagrama dibuja una figura que no corresponda
   a ninguna característica.

3. Explica por qué una de las figuras corresponde al lugar en
   el que la pusiste.

   _____

   _____

   _____

4. Jan escribe 531 = 135. Dice que los números tienen
   el mismo valor porque 5 + 3 + 1 = 1 + 3 + 5.

   Bea dice que Jan está equivocada. ¿Quién tiene la
   razón Jan o Bea? Explica tu respuesta.

   _____

   _____

   _____

Recuerda

Resuelve los problemas.

Muestra tu trabajo.

1. La señora Lee tiene 35 manzanas rojas y
   47 manzanas verdes. ¿Cuántas manzanas
   tiene en total?

manzana

   ☐ _____
      rótulo

2. Pedro tenía 6 robots de juguete. Un amigo
   le dio más robots de juguete. Ahora tiene
   13 robots de juguete. ¿Cuántos robots de
   juguete le dio su amigo?

robot de
juguete

   ☐ _____
      rótulo

3. Linda tiene 25 canicas. Luego consiguió
   16 canicas más. ¿Cuántas canicas tiene
   ahora?

canica

   ☐ _____
      rótulo

Suma.

4.   97   5.   53   6.   76
   + 38   + 67   + 28

7. **Medición** Dibuja 3 figuras con el mismo perímetro
   en una hoja aparte.

Usar procesos matemáticos

Haz la tarea

Escribe la hora de dos maneras diferentes.

1.

_____ en punto

2.

_____ en punto

3.

_____ en punto

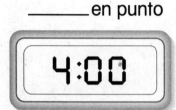

4:00

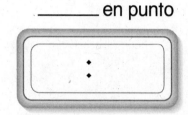

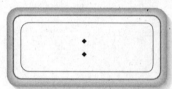

Dibuja las manecillas en cada reloj analógico y luego escribe la hora en cada reloj digital.

4.

1 en punto

5.

6 en punto

6.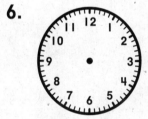

12 en punto

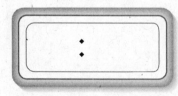

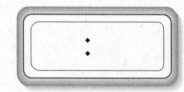

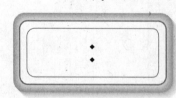

Para cada actividad, encierra en un círculo la hora apropiada.

7. Comer un refrigerio por la tarde.

   3:00 a.m.   2:00 p.m.   6:00 p.m.

8. Ir a cine a la noche.

   8:00 a.m.   12:00 del mediodía   7:00 p.m.

9. En la siguiente página Haz un dibujo de lo que podrías hacer a las 7:00 p.m. Dibuja la esfera de un reloj y sus manecillas para mostrar la hora.

Haz la tarea

Escribe la hora en los relojes digitales.

1.

2.

3.

4.

Dibuja las manecillas en los relojes analógicos para mostrar la hora.

5.

6.

7.

8.

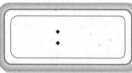

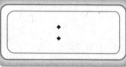

Completa los espacios en blanco.

9. 3 cincos =_____   10. 7 cincos = _____   11. 4 cincos = _____

12. 8 cincos =_____   13. 2 cincos = _____   14. 5 cincos = _____

15. 1 cinco =_____   16. 6 cincos = _____   17. 9 cincos = _____

18. **En la siguiente página** Haz un dibujo de lo que hiciste a las 8:15 de esta mañana. Dibuja un reloj analógico que muestre la hora.

Haz la tarea

Completa los números que faltan en las siguientes esferas de reloj. Dibuja las manecillas en cada reloj para mostrar la hora.

1. 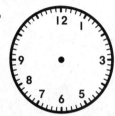 2.  3.  4.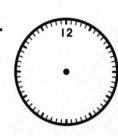

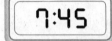 **2:40**   **7:45**    **1:10**   **11:35**

Escribe la hora en cada reloj digital.

5.  6.  7.  8.

   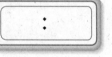

9. Escribe la hora.

_____ minutos antes de las _____

_____ minutos después de la _____

 10. En la siguiente página Haz un dibujo de lo que podrías hacer a las 7:15 a.m. y a las 7:15 p.m. Dibuja un reloj analógico que muestre la hora para cada actividad.

Más sobre la hora

Haz la tarea

Escribe la hora inicial y la hora final. Luego halla cuánto tiempo pasó.

Hora inicial	Hora final	¿Cuánto tiempo pasó?
1. _____ p.m.	 _____ p.m.	 _____ hora(s)
2. _____ a.m.	 _____ a.m.	 _____ hora(s)
3. _____ a.m.	 _____ a.m.	 _____ hora(s)

Para esta actividad, encierra en un círculo la unidad
de tiempo que usarías.

4. Hornear galletas.

días   segundos   minutos   meses

5. En la siguiente página Haz un horario que muestre
cómo pasas el tiempo desde que llegas a tu casa de la
escuela hasta la hora en que te vas a dormir.

Tiempo transcurrido

Haz la tarea

Usa el calendario para responder las Preguntas 1 y 2.

ENERO						
D	L	M	M	J	V	S
1	2	3	4	5	6	7
8	9	10	11	12	13	14
15	16	17	18	19	20	21
22	23	24	25	26	27	28
29	30	31				

FEBRERO						
D	L	M	M	J	V	S
			1	2	3	4
5	6	7	8	9	10	11
12	13	14	15	16	17	18
19	20	21	22	23	24	25
26	27	28				

MARZO						
D	L	M	M	J	V	S
			1	2	3	4
5	6	7	8	9	10	11
12	13	14	15	16	17	18
19	20	21	22	23	24	25
26	27	28	29	30	31	

ABRIL						
D	L	M	M	J	V	S
						1
2	3	4	5	6	7	8
9	10	11	12	13	14	15
16	17	18	19	20	21	22
23	24	25	26	27	28	29
30						

MAYO						
D	L	M	M	J	V	S
	1	2	3	4	5	6
7	8	9	10	11	12	13
14	15	16	17	18	19	20
21	22	23	24	25	26	27
28	29	30	31			

JUNIO						
D	L	M	M	J	V	S
				1	2	3
4	5	6	7	8	9	10
11	12	13	14	15	16	17
18	19	20	21	22	23	24
25	26	27	28	29	30	

JULIO						
D	L	M	M	J	V	S
						1
2	3	4	5	6	7	8
9	10	11	12	13	14	15
16	17	18	19	20	21	22
23	24	25	26	27	28	29
30	31					

AGOSTO						
D	L	M	M	J	V	S
	1	2	3	4	5	
6	7	8	9	10	11	12
13	14	15	16	17	18	19
20	21	22	23	24	25	26
27	28	29	30	31		

SEPTIEMBRE						
D	L	M	M	J	V	S
					1	2
3	4	5	6	7	8	9
10	11	12	13	14	15	16
17	18	19	20	21	22	23
24	25	26	27	28	29	30

OCTUBRE						
D	L	M	M	J	V	S
1	2	3	4	5	6	7
8	9	10	11	12	13	14
15	16	17	18	19	20	21
22	23	24	25	26	27	28
29	30	31				

NOVIEMBRE						
D	L	M	M	J	V	S
			1	2	3	4
5	6	7	8	9	10	11
12	13	14	15	16	17	18
19	20	21	22	23	24	25
26	27	28	29	30		

DICIEMBRE						
D	L	M	M	J	V	S
					1	2
3	4	5	6	7	8	9
10	11	12	13	14	15	16
17	18	19	20	21	22	23
24	25	26	27	28	29	30
31						

1. ¿Qué mes va inmediatamente después de febrero?

   _____

2. ¿Con qué día de la semana empieza noviembre?

   _____

Completa la tabla para resolver el problema.

3. Lum viaja 8 millas cada día de escuela. ¿Cuánto viaja en una semana de escuela?

   _____ millas

Días	1	2	3	4	5
Distancia (millas)					

4. Escribe y resuelve tu propio problema en una hoja aparte usando el calendario anterior.

Recuerda

Completa la tabla para resolver los problemas.

1. Samuel pasa 4 horas practicando piano cada semana. ¿Cuántas horas ha practicado después de 5 semanas?

Semanas	1	2	3	4	5
Práctica (horas)					

_____ horas

2. Marion pasa 3 horas por día aprendiendo chino mandarín. ¿Cuántas horas ha completado después de 5 días?

Días	1	2	3	4	5
Práctica (horas)					

_____ horas

Encierra en un círculo la hora más apropiada.

3. Comer el almuerzo.

   7:00 a.m.   12:00 p.m.   5:00 p.m.

Encierra en un círculo la unidad de tiempo que usarías.

4. Hornear un pastel.

   segundos   minutos   horas   días

Calendarios y tablas de funciones

Haz la tarea

Usa la gráfica de dibujos para responder las preguntas.

Ventas de libros

Peter	▦	▦	▦	▦	▦					
Tammy	▦	▦	▦	▦						
Shana	▦	▦	▦	▦	▦	▦	▦	▦	▦	

1. ¿Quién vendió más libros? _____

2. ¿Quién vendió menos libros? _____

3. ¿Cuántos libros más vendió Shana que Tammy?

☐ _____
      rótulo

4. ¿Cuántos libros menos vendió Peter que Shana?

☐ _____
      rótulo

5. ¿Cuántos libros más vendió Peter que Tammy?

☐ _____
      rótulo

6. ¿Cuántos libros vendieron los niños en total?

☐ _____
      rótulo

7. Por tu cuenta Escribe y resuelve tu propia pregunta sobre la gráfica.

_____

_____

Nombre _____

Practica

Usa la gráfica de dibujos para responder las preguntas.

Camiones hechos en el taller de juguetes

Misha	🚚	🚚	🚚	🚚	🚚	🚚				
Leroy	🚚	🚚	🚚	🚚	🚚	🚚	🚚	🚚	🚚	🚚
Elisa	🚚	🚚	🚚	🚚	🚚	🚚	🚚			

1. ¿Quién hizo más camiones? _____

2. ¿Quién hizo menos camiones? _____

3. ¿Cuántos camiones más hizo Leroy que Misha?

   [   ] _____

   　　　rótulo

4. ¿Cuántos camiones menos hizo Elisa que Leroy?

   [   ] _____

   　　　rótulo

5. ¿Cuántos camiones más hizo Elisa que Misha?

   [   ] _____

   　　　rótulo

6. ¿Cuántos camiones hicieron los niños en total?

   [   ] _____

   　　　rótulo

7. **Por tu cuenta** Escribe y resuelve tu propia pregunta sobre la gráfica.

_____

_____

Haz la tarea

Compara para hallar cuántos **más** o **menos.**
Escribe el número. Encierra en un círculo *más* o *menos.*

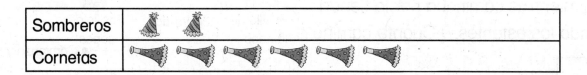

Sombreros	
Cornetas	

1. Hay ⬜ sombreros *más menos* que cornetas.

2. Hay ⬜ cornetas *más menos* que sombreros.

Mina	
Emily	

3. Mina tiene ⬜ peces dorados *más menos* que Emily.

4. Emily tiene ⬜ peces dorados *más menos que* Mina.

Dan	
Tani	

5. Dan tiene ⬜ campanas *más menos* que Tani.

6. Tani tiene ⬜ campanas *más menos* que Dan.

Recuerda

Resuelve los problemas.

1. Este es el trayecto que recorrió el señor
   Green mientras caminaba por la tienda
   surtiendo los estantes. ¿Cuánto caminó?

Pasillo de lácteos   33 yardas   Pasillo de sopas
⟵
Comienzo y final

21 yardas   21 yardas

Pasillo de frutas

[   ] _____
       rótulo

2. Rose está ayudando a poner una cerca
   alrededor del patio de la casa de su familia.
   ¿Cuánto vallado deben comprar?

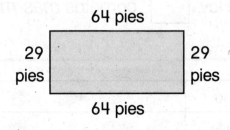

64 pies
29 pies   29 pies
64 pies

[   ] _____
       rótulo

Suma unidades o decenas. Como ayuda puedes hacer
un dibujo para comprobar.

3. $9 + 8 =$ _____   4. $7 + 7 =$ _____

   $90 + 80 =$ _____ $70 + 70 =$ _____

5. $8 + 7 =$ _____   6. $6 + 5 =$ _____

   $80 + 70 =$ _____ $60 + 50 =$ _____

7. Halla la parte desconocida.

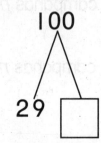

100

29   [   ]

Leer gráficas de dibujos

Haz la tarea

Compara. Encierra en un círculo la cantidad adicional.
Escribe el número. Luego encierra en un círculo *más* o *menos*.

Calabazas

Martin	🎃 🎃 🎃 🎃 🎃
Kerra	🎃 🎃 🎃 🎃 🎃 🎃 🎃

1. Martin tiene ☐ calabazas *más menos* que Kerra.

2. Kerra tiene ☐ calabazas *más menos* que Martin.

3. Martin necesita ☐ calabazas para tener la misma cantidad que Kerra.

4. Kerra debe perder ☐ calabazas para tener la misma cantidad que Martin.

Compara estos números. Escribe el signo de **es mayor que** (>) o **es menor que** (<) dentro del círculo. El primero ya está resuelto.

5. 5 ⟨<⟩ 8   9 ◯ 3   6 ◯ 7

6. 1 ◯ 4   8 ◯ 6   4 ◯ 3

7. 6 ◯ 5   3 ◯ 7   9 ◯ 8

8. 5 ◯ 2   7 ◯ 9   1 ◯ 2

Practica

Compara. Encierra en un círculo la cantidad adicional.
Escribe el número. Luego encierra en un círculo *más* o *menos.*

Pimientos

Gina	🌶 🌶 🌶 🌶 🌶
Jesse	🌶 🌶 🌶 🌶 🌶 🌶 🌶 🌶

1. Gina tiene ☐ pimientos *más menos* que Jesse.

2. Jesse tiene ☐ pimientos *más menos* que Gina.

3. Gina necesita ☐ pimientos para tener la misma cantidad que Jesse.

4. Jesse debe regalar ☐ pimientos para tener la misma cantidad que Gina.

Osos

Marco	🧸 🧸 🧸 🧸 🧸 🧸 🧸
Alena	🧸 🧸 🧸 🧸 🧸 🧸 🧸 🧸 🧸

5. Marco tiene ☐ osos *más menos* que Alena.

6. Alena tiene ☐ osos *más menos* que Marco.

7. Marco necesita ☐ osos para tener la misma cantidad que Alena.

8. Alena debe regalar ☐ osos para tener la misma cantidad que Marco.

El lenguaje de la comparación

Haz la tarea

Resuelve los problemas.   **Muestra tu trabajo.**

---

1. Ayer, Annie vio 17 patos en el parque.
Cristina vio 8 patos. ¿Cuántos patos
más vio Annie que Cristina?

☐ _____
rótulo

---

2. Juan preparó 6 porciones de frutas
para el picnic de esta tarde. Teresa
preparó 9 porciones de frutas más
que Juan. ¿Cuántas porciones de
frutas preparó Teresa?

☐ _____
rótulo

---

3. Michelle reunió 13 pelotas de béisbol.
Rini reunió 7 pelotas de béisbol.
¿Cuántas pelotas de béisbol más
tiene que reunir Rini para tener la
misma cantidad de pelotas de béisbol
que Michelle?

☐ _____
rótulo

---

4. Tom tiene 12 caballos en su granja.
Tiene 4 pollos menos que caballos.
¿Cuántos pollos tiene Tom?

☐ _____
rótulo

Recuerda

Resuelve los problemas.   **Muestra tu trabajo.**

---

1. El señor Gomez tiene 75 latas de frijoles. En cada
   estante caben 10 latas. ¿Cuántos estantes puede
   llenar con latas de frijoles? ¿Cuántas latas le
   sobrarán?

   ☐ estantes   ☐ latas sobrantes

---

2. Abigail tiene 39 estampillas en su colección. Ella
   pone 10 estampillas en cada página de su álbum
   de estampillas. ¿Cuántas páginas puede llenar con
   estampillas? ¿Cuántas estampillas le sobrarán?

   ☐ páginas   ☐ estampillas sobrantes

Suma.

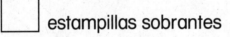

3. $45 + 8 =$ _____ $22 + 4 =$ _____ $86 + 3 =$ _____

Suma.

4. $60 + 20 =$ _____ $90 + 80 =$ _____ $70 + 30 =$ _____

   $6 + 2 =$ _____ $9 + 8 =$ _____ $7 + 3 =$ _____

---

5. $50 + 70 =$ _____ $40 + 90 =$ _____ $20 + 40 =$ _____

   $5 + 7 =$ _____ $4 + 9 =$ _____ $2 + 4 =$ _____

---

6. Halla la parte desconocida.

   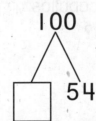

   100
   ☐   54

Plantear y resolver problemas usando comparaciones

Haz la tarea

Usa la tabla. Llena las casillas con números.
Encierra en un círculo *más* o *menos*.

	Juguetes	Juegos
Jake	5	9
Kara	8	4

1. Jake tiene [ ] juegos *más menos* que Kara.

2. Kara tiene [ ] juegos *más menos* que Jake.

3. Kara tiene [ ] juguetes *más menos* que Jake.

4. Jake tiene [ ] juguetes *más menos* que Kara.

5. Los niños tienen [ ] juegos en total.

6. Los niños tienen [ ] juguetes en total.

7. Kara debe regalar [ ] juguetes para tener la misma cantidad que Jake.

8. Kara debe conseguir [ ] juegos para tener la misma cantidad que Jake.

Practica

Usa la tabla. Llena las casillas con números.
Encierra en un círculo *más* o *menos.*

	Libros	Discos compactos
Meg	7	2
Kate	9	5
Andrew	3	8

1. Kate tiene [ ] discos compactos *más menos* que Andrew.

2. Meg tiene [ ] libros *más menos* que Kate.

3. Andrew tiene [ ] discos compactos *más menos* que Kate.

4. Los niños tienen [ ] libros en total.

5. Meg necesita [ ] libros para tener la misma cantidad que Kate.

6. Andrew debe conseguir [ ] libros para tener la misma cantidad que Meg.

7. Meg debe conseguir [ ] discos compactos para tener la misma cantidad que Andrew.

8. Kate y Andrew tienen un total de [ ] discos compactos.

Haz la tarea

Chen tiene 7 marcadores. Linda tiene 4 marcadores.

1. Haz una tabla para mostrarlo.

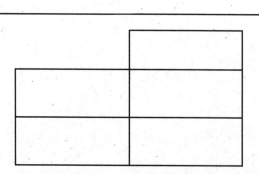

2. Convierte la tabla en una gráfica de dibujos.

   Usa un círculo para cada  .

Compara. Encierra en un círculo la cantidad adicional en la gráfica de arriba. Escribe el número. Luego, encierra en un círculo *más* o *menos* en las siguientes oraciones.

3. Linda tiene ☐ marcadores *más menos* que Chen.

4. Chen tiene ☐ marcadores *más menos* que Linda.

5. Linda necesita ☐ marcadores para tener la misma cantidad que Chen.

6. Chen debe perder ☐ marcadores para tener la misma cantidad que Linda.

Nombre _____

Recuerda

Resuelve los problemas.   **Muestra tu trabajo.**

I. La señora Green guardó 63 bolsas
de cacahuates. El señor Green
guardó 58 bolsas de cacahuates.
¿Cuántas bolsas de cacahuates
guardaron ellos en total?

```
┌──────────┐
│          │  _____
└──────────┘
              rótulo
```

Compara. Encierra en un círculo la cantidad adicional. Escribe el número.
Luego encierra en un círculo _más_ o _menos._

El señor Green	🫛 🫛 🫛 🫛
La señora Green	🫛 🫛 🫛 🫛 🫛 🫛 🫛 🫛

2. El señor Green tiene ☐ guisantes _más menos_ que la señora Green.

3. El señor Green necesita ☐ guisantes para tener la misma cantidad que
la señora Green.

Compara. Escribe el signo de **es mayor que** (>) o
es menor que (<) dentro del círculo.

4. 3 ◯ 9   8 ◯ 6   4 ◯ 2

5. 7 ◯ I   2 ◯ 4   6 ◯ 5

6. Halla la parte desconocida.

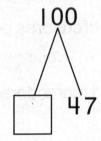

Convertir tablas en gráficas de dibujos

Haz la tarea

1. Prince ganó 8 medallas en el concurso canino. Lady ganó 5 medallas. Muffy ganó 3 medallas. Haz una tabla para mostrar los resultados.

_____

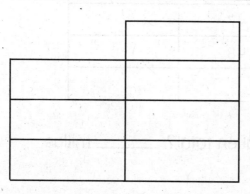

2. Convierte la tabla en una gráfica de dibujos. Usa un círculo para cada 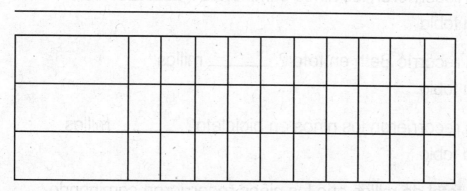 .

Compara. Escribe el número. Encierra en un círculo *más* o *menos*.

3. Prince tiene [ ] medallas *más menos* que Muffy.

4. Muffy tiene [ ] medallas *más menos* que Prince.

5. Lady necesita [ ] medallas para tener la misma cantidad que Prince.

6. Lady debe perder [ ] medallas para tener la misma cantidad que Muffy.

Nombre _____

Practica

A Beth y a Hamal les gusta ir de caminata y montar en bicicleta.
La tabla muestra cuántas millas recorrieron los niños.

Número de millas recorridas

	Caminando	En bicicleta	Total
Beth	19	47	
Hamal	36	48	
Total			

1. ¿Cuántas millas recorrió Hamal en total? _____ millas
   Anota esto en la tabla.

2. ¿Cuántas millas recorrió Beth en total? _____ millas
   Anota esto en la tabla.

3. ¿Cuántas millas recorrieron los niños caminando? _____ millas
   Anota esto en la tabla.

4. ¿Cuántas millas recorrió Beth en total? _____ millas
   Anota esto en la tabla.

5. ¿Cuántas millas recorrieron los niños en bicicleta? _____ millas
   Anota esto en la tabla.

6. Halla el número total de millas que los niños recorrieron caminando.

   _____ millas. Las partes son _____ y _____.

7. Halla el número total de millas que los niños recorrieron en bicicleta.

   _____ millas. Las partes son _____ y _____.

8. Halla el número total de millas que Beth recorrió. _____ millas.

   Las partes son _____ y _____.

9. Halla el número total de millas que Hamal recorrió. _____ millas.

   Las partes son _____ y _____.

Representar datos gráficamente

Haz la tarea

I. En el parque hay 9 robles, 2 arces y 6 olmos.

Completa la tabla para mostrar esto.

Árboles del parque

Robles	
Arces	
Olmos	

2. Usa los datos de la tabla para completar la gráfica de barras.

Árboles del parque

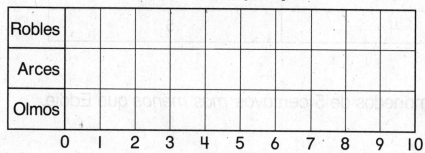

Usa tu gráfica de barras. Agrega el número que falta y encierra en un círculo *más* o *menos*.

3. Hay ⬚ robles *más menos* que arces en el parque.

4. Hay ⬚ arces *más menos* que olmos en el parque.

5. Debemos plantar ⬚ olmos *más menos* para tener la misma cantidad de olmos que de robles.

Recuerda

1. Escribe la cantidad total de dinero.

      _____

Usa la tabla para responder las preguntas. Pon los números en las casillas. Si es necesario, encierra en un círculo *más* o *menos*.

	Monedas de 5 centavos	Monedas de 10 centavos
Jessica	7	3
Eddie	4	5

2. Jessica tiene ☐ monedas de 5 centavos *más menos* que Eddie.

3. Eddie tiene ☐ monedas de 5 centavos *más menos* que Jessica.

4. Eddie debe regalar ☐ monedas de 10 centavos para tener la misma cantidad que Jessica.

Suma.

5. 100 + 96 = _____   62 + 100 = _____   100 + 7 = _____

10 + 96 = _____   62 + 10 = _____   10 + 7 = _____

1 + 96 = _____   62 + 1 = _____   1 + 7 = _____

Haz la tarea

Usa la gráfica de barras para completar las oraciones.
Encierra en un círculo *más* o *menos.*

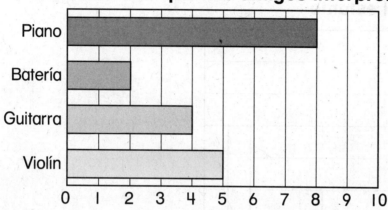

Instrumentos que mis amigos interpretan

1. Hay [ ] niños *más menos* que tocan la batería que la guitarra.

2. Hay [ ] niños *más menos* que tocan la batería que el violín.

3. Hay [ ] niños *más menos* que tocan el piano que la batería.

4. Hay [ ] niños *más menos* que tocan el piano que la guitarra.

5. Hay [ ] niños *más menos* que tocan el violín que el piano.

6. Hay [ ] niños que tocan el piano o la batería.

7. Hay [ ] niños en total que tocan el piano, la guitarra y el violín.

Practica

Usa la gráfica de barras para completar las oraciones.
Encierra en un círculo *más* o *menos*.

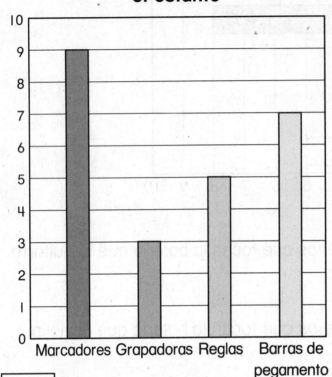

Materiales escolares en el estante

1. Hay ☐ marcadores *más menos* que reglas en el estante.

2. Hay ☐ grapadoras *más menos* que barras de pegamento en el estante.

3. Hay ☐ marcadores *más menos* que grapadoras en el estante.

4. Hay ☐ barras de pegamento *más menos* que reglas en el estante.

5. Hay ☐ reglas *más menos* que grapadoras en el estante.

6. Hay *más menos* marcadores que reglas y grapadoras juntas.

7. En total hay ☐ barras de pegamento y marcadores.

Nombre _____

Haz la tarea

Usa la gráfica de barras para responder las siguientes preguntas.
Rellena el círculo con la respuesta correcta.

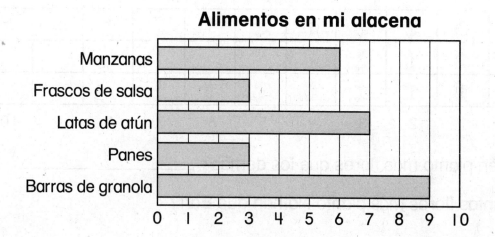

Alimentos en mi alacena

1. ¿Cuántas latas de atún más hay que frascos de salsa?

   ○ 4
   ○ 5
   ○ 6
   ○ 7

2. En total, ¿cuántas manzanas y barras de granola tengo?

   ○ 11
   ○ 13
   ○ 15
   ○ 16

3. ¿Qué dos alimentos tengo en la misma cantidad?

   ○ Manzanas y barras de granola
   ○ Manzanas y atún
   ○ Salsa y pan
   ○ Atún y barras de ganola

4. **Por tu cuenta** Escribe 1 pregunta sobre la gráfica. Responde tu pregunta.

_____

_____

Recuerda

Usa la gráfica de dibujos para responder las preguntas.

Flores plantadas en el jardín

	1	2	3	4	5	6	7	8	9	10
Tuti	✿	✿	✿	✿	✿	✿	✿	✿	✿	✿
Earl	✿	✿	✿							
Nathan	✿	✿	✿	✿	✿	✿	✿			

1. ¿Quién plantó más flores que los demás? _____

2. ¿Cuántas flores más plantó Nathan que Earl?

   ☐ _____
   rótulo

3. ¿Cuántas menos flores plantó Earl que Tuti?

   ☐ _____
   rótulo

Suma. Como ayuda, puedes hacer un dibujo para comprobar.

4. 76   43   52
   + 39   + 78   + 87
   _____   _____   _____

5. 61   57   89
   + 75   + 98   + 48
   _____   _____   _____

6. Halla la parte desconocida.

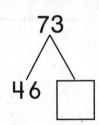

73

46   ☐

Analizar información en gráficas de barras

Haz la tarea

Usa la información de la gráfica circular para responder las siguientes preguntas. Rellena el círculo con la respuesta correcta.

Juguetes en el cuarto de juegos

Muñecas 5
Camiones 4
Bloques 6
Juegos de mesa 6
Rompecabezas 3

1. La maestra de Brandie le pidió que llevara todas sus muñecas y sus juegos de mesa a la escuela. ¿Cuántos juguetes debe llevar Brandie a la escuela?

   ○ 9
   ○ 10
   ○ 11
   ○ 12

2. ¿Cuántos bloques hay más que camiones?

   ○ 1
   ○ 2
   ○ 4
   ○ 6

3. En el cuarto de juegos hay dos tipo de juguete en la misma cantidad ¿Cuáles son?

   ○ bloques y muñecas
   ○ muñecas y rompecabezas
   ○ juegos de mesa y bloques
   ○ camiones y rompecabezas

4. Hay 1 camión menos que _____.

   ○ bloques
   ○ muñecas
   ○ juegos de mesa
   ○ rompecabezas

5. Hay 3 juegos de mesa más que _____.

   ○ bloques
   ○ muñecas
   ○ rompecabezas
   ○ camiones

Practica

Usa la información de la gráfica circular para responder
las siguientes preguntas.

Mascotas en mi edificio

1. ¿Qué tipo de animal hay en
mayor cantidad en mi edificio?

   _____

2. En total, ¿cuántos pájaros,
peces y ranas hay?

   _____

3. En total, ¿cuántas mascotas hay
en mi edificio?

   _____

4. ¿Cuántos perros hay más que
ranas?

   _____

5. ¿Cuántos peces hay menos que
gatos?

   _____

Usa la información de la gráfica circular para completar
cada oración.

6. Hay 1 pájaro menos que

   _____.

7. Hay 3 gatos más que

   _____.

8. Hay 1 pájaro más que

   _____.

9. Hay 2 gatos menos que

   _____.

Presentar gráficas circulares

Haz la tarea

Usa la información de la gráfica circular para responder las siguientes preguntas. Rellena el círculo con la respuesta correcta.

Juguetes en la caja

1. Hay 1 camión menos que

   _____.

   ○ aviones

   ○ barcos

   ○ autobuses

   ○ carros

2. Hay 2 camiones más que

   _____.

   ○ aviones

   ○ barcos

   ○ autobuses

   ○ carros

3. Hay 5 barcos menos que

   _____.

   ○ aviones

   ○ barcos

   ○ carros

   ○ camiones

4. ¿Cuántos carros, barcos y aviones hay en la caja?

   ○ 17

   ○ 18

   ○ 20

   ○ 28

5. ¿Cuál es el número total de autobuses y camiones en la caja?

   ○ 4

   ○ 8

   ○ 10

   ○ 12

Recuerda

Resuelve los problemas.   **Muestra tu trabajo.**

1. Erin tiene 14 camisas en su armario. Vanna tiene 6 camisas en su armario. ¿Cuántas camisas más tiene Erin que Vanna?

☐ _____
       rótulo

2. 17 personas fueron a la fiesta de Hoon. 9 personas fueron a la fiesta de Mark. ¿Cuántas personas menos fueron a la fiesta de Mark que a la de Hoon?

☐ _____
       rótulo

¿La respuesta es correcta?

Escribe *sí* o *no*. Si *no* es correcta, corrige el ejercicio.

3.
$$\begin{array}{r} 37 \\ + 65 \\ \hline 102 \end{array}$$
¿Correcta? ☐

4.
$$\begin{array}{r} 57 \\ + 26 \\ \hline 73 \end{array}$$
¿Correcta? ☐

5.
$$\begin{array}{r} 42 \\ + 59 \\ \hline 911 \end{array}$$
¿Correcta? ☐

6.
$$\begin{array}{r} 17 \\ + 45 \\ \hline 71 \end{array}$$
¿Correcta? ☐

7.
$$\begin{array}{r} 69 \\ + 13 \\ \hline 72 \end{array}$$
¿Correcta? ☐

8.
$$\begin{array}{r} 51 \\ + 35 \\ \hline 86 \end{array}$$
¿Correcta? ☐

9. Halla la parte desconocida.

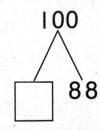

100

☐   88

     Estudiar gráficas circulares

Haz la tarea

1. Completa la gráfica de barras horizontales usando la información que se da a continuación.

- Jun tiene 5 canicas.

- Angela tiene 3 canicas más que Jun.

- Janell tiene que perder 4 canicas para tener la misma cantidad que Jun.

- Caroline tiene 2 canicas menos que Angela.

Las canicas que tenemos

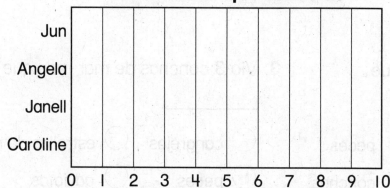

Compara los siguientes números. Usa **mayor que** (>) o **menor que** (<). El primero ya está resuelto.

2. 6 < 9   7 ◯ 4   2 ◯ 3

3. 8 ◯ 5   1 ◯ 10   4 ◯ 1

4. 6 ◯ 0   8 ◯ 3   7 ◯ 8

Recuerda

Usa la información de la gráfica circular para responder las siguientes preguntas. Rellena el círculo con la respuesta correcta.

Lo que Jared vio en la playa

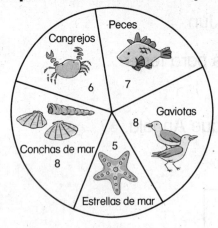

1. ¿Cuántas gaviotas más que peces vio Jared?

   ○ 1 más   ○ 4 más

   ○ 2 más   ○ 5 más

2. Vio 1 cangrejo menos que

   _____.

   ○ estrellas de mar   ○ peces

   ○ gaviotas   ○ conchas
                            de mar

3. Vio 3 conchas de mar más que

   _____.

   ○ cangrejos   ○ estrellas de mar

   ○ peces   ○ gaviotas

Completa la secuencia numérica. Escribe la regla.

4. 12, 20, 28, _____, _____, _____   Regla: n _____

5. 38, 41, 44, _____, _____, _____   Regla: n _____

6. 93, 88, 83, _____, _____, _____   Regla: n _____

7. Halla la parte desconocida.

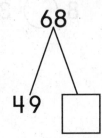

Hablar sobre las gráficas

Haz la tarea

Lena y Paulo prueban el funcionamiento de algunas bombillas. La tabla muestra lo que hallaron. Responde cada pregunta y completa la tabla con tus respuestas.

Bombillas que funcionan

	Verdes	Amarillas	Total
Paulo	47	51	
Lena	38	29	
Total			

1. ¿Cuántas bombillas verdes funcionaron? _____ bombillas verdes

2. ¿Cuántas de las bombillas de Paulo funcionaron? _____ bombillas

3. ¿Cuántas de las bombillas de Lena funcionaron? _____ bombillas

4. En total, ¿cuántas bombillas funcionaron? _____ bombillas

Usa la gráfica de barras para responder las preguntas.

Senderos para bicicletas (en millas)

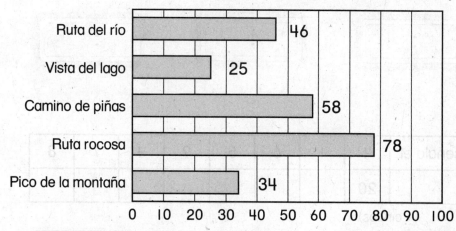

5. Una carrera de bicicletas se lleva a cabo en las rutas Camino de piñas y Vista del lago. ¿Qué tan larga es la carrera?

_____ millas

6. Quieres recorrer en bicicleta exactamente 80 millas esta semana. ¿Qué dos caminos debes tomar?

_____ y

_____

7. ¿Qué tan lejos irás si recorres Camino de pinos y Ruta rocosa?

_____ millas

Nombre _____

Recuerda

Dibuja las manecillas en el reloj para indicar la hora.

1.

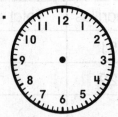

5:30

11:15

6:50

12:00

Escribe la hora en los relojes digitales.

2.

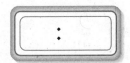 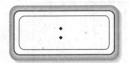 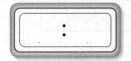 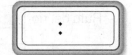

Completa las tablas.

3.

La manecilla grande señala el	4	1	6	5	9	4	7	8
Tiempo en minutos	20							

(4 cincos)

4.

La manecilla grande señala el	8	11	10	6	9	7	5	3
Tiempo en minutos	40							

(8 cincos)

5. Halla la parte desconocida.

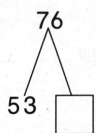

76

53 ☐

Sumar números de 2 dígitos usando tablas y gráficas

Haz la tarea

Responde las preguntas sobre los datos.

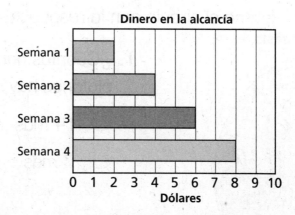

Dinero en la alcancía

I. Di cuántos dólares había en la alcancía cada semana.

Semana 1 _____   Semana 2 _____

Semana 3 _____   Semana 4 _____

2. ¿Qué patrón ves?

_____

3. ¿Qué predices que pasará en la Semana 5?

_____

Recoge y anota datos lanzando una moneda de 10 centavos. Responde las preguntas. Resuelve los problemas.

Lanzamiento	1	2	3	4	5	6	7	8	9	10
Resultado										

4. Completa la tabla. Usa *Ca* para cara y *Cz* para cruz.

_____

5. ¿Ves algún patrón?

_____

6. ¿Puedes predecir correctamente qué pasará
   en el siguiente lanzamiento? Explica.

_____

Nombre _____

Recuerda

Usa la información de la gráfica circular para responder las
siguientes preguntas. Rellena el círculo con la respuesta correcta.

Frutas en la canasta

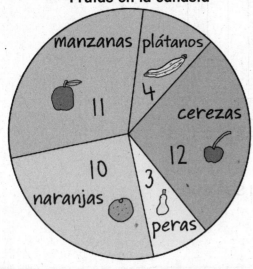

1. ¿Cuántas naranjas más que
plátanos hay?

○ 14 más   ○ 6 más

○ 7 más   ○ 5 más

2. Hay 1 manzana menos que

_____ .

○ naranjas   ○ plátanos

○ cerezas   ○ peras

3. Hay 8 manzanas más que

_____ .

○ naranjas   ○ plátanos

○ cerezas   ○ peras

Completa la secuencia numérica. Escribe la regla.

4. 14, 20, 26, _____, _____, _____   Regla: n _____

5. 78, 80, 82, _____, _____, _____   Regla: n _____

6. 93, 83, 73, _____, _____, _____   Regla: n _____

---

7. Halla la parte desconocida.

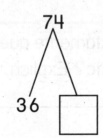

168 UNIDAD 7 LECCIÓN 15

Usar datos para hacer predicciones

Copyright © Houghton Mifflin Company. All rights reserved.

Haz la tarea

1. Dibuja 3 rectángulos, cada uno con un perímetro
   de 24 unidades. Rotula la longitud y la altura.

2. Elige un rectángulo. Escribe las instrucciones
   para dibujar el rectángulo.

   _____

   _____

   _____

   _____

3. Predice cuántas veces puedes doblar un pedazo de papel por la mitad.

   _____

4. Inténtalo. ¿Cuántas veces doblaste el papel por la mitad?

   _____

5. ¿Por qué tuviste que dejar de doblar?

   _____

   _____

Nombre _____

Recuerda

Dibuja las manecillas en el reloj para mostrar la hora.

1.

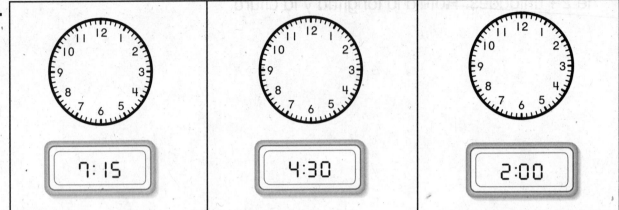

Escribe la hora en los relojes digitales.

2.

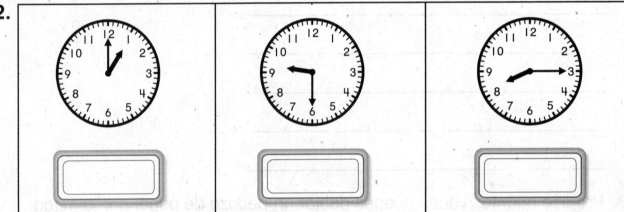

Completa la secuencia numérica. Escribe la regla.

3. 10, 16, 22, _____, _____, _____   Regla: n _____

4. 65, 67, 69, _____, _____, _____   Regla: n _____

5. 74, 71, 68, _____, _____, _____   Regla: n _____

Usar procesos matemáticos